COMPUTER
für Anfänger

von
Masoud Yazdani
& Benny Kandler

Übersetzung aus dem Englischen
von Ulf Dammann

Rowohlt

Deutsche Erstausgabe
Redaktion Ludwig Moos
Umschlagentwurf Heinz Waldvogel
Lettering und Textmontage
Gabriel Nemeth/Elisabeth Heberger
Veröffentlicht im Rowohlt Taschenbuch Verlag GmbH,
Reinbek bei Hamburg, Juni 1985
Copyright © 1985 by Rowohlt Taschenbuch Verlag GmbH,
Reinbek bei Hamburg
«Computer for Beginners»
Text Copyright © 1984 by Masoud Yazdani
Illustration Copyright © 1984 by Benny Kandler
Satz RAWA Satztechnik, Hamburg
Gesamtherstellung Clausen & Bosse, Leck
Printed in Germany
980-ISBN 3 499 17550 9

Inhalt

Der Mensch als Werkzeugmacher

TU-WERKZEUGE ———— DENK-WERKZEUGE

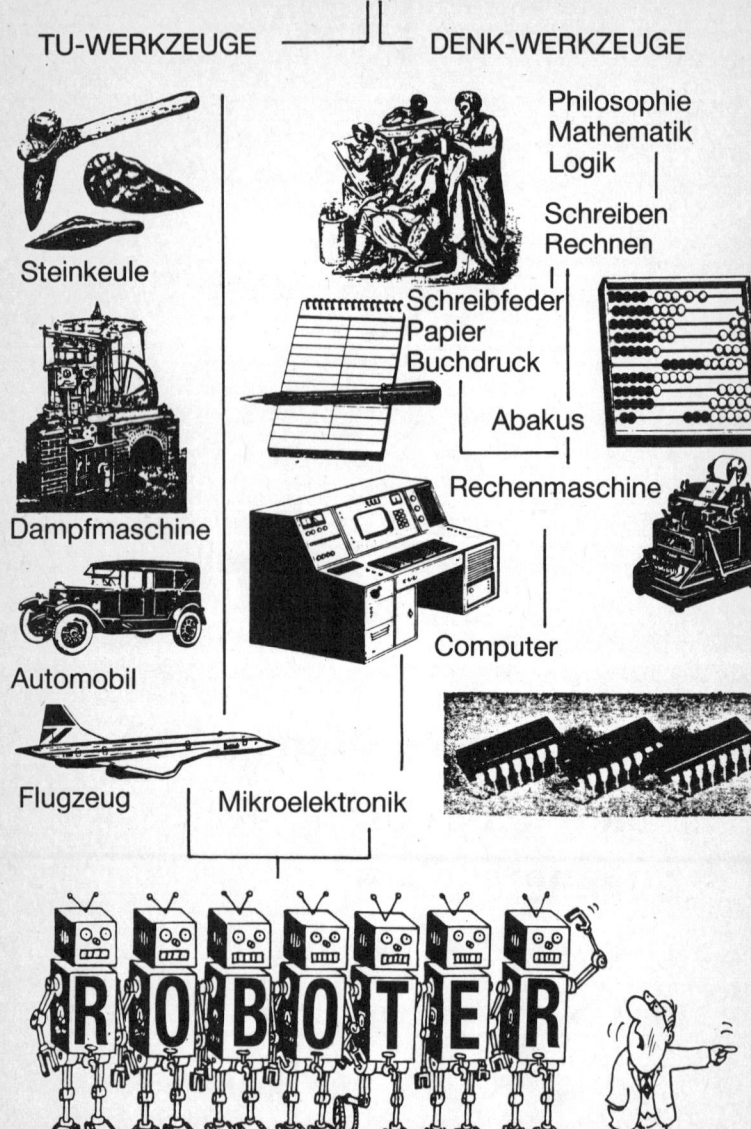

Philosophie
Mathematik
Logik

Schreiben
Rechnen

Steinkeule

Schreibfeder
Papier
Buchdruck

Abakus

Dampfmaschine

Rechenmaschine

Automobil

Computer

Flugzeug　Mikroelektronik

ROBOTER

Die Computer-Evolution

1. Der Mensch als Werkzeugmacher

Viele Leute meinen ja, der Mensch unterscheide sich von den anderen Kreaturen dieser Erde vor allem dadurch, daß er sich Werkzeuge macht. Der Computer ist das neuste vom Menschen geschaffene Werkzeug, und über ihn wollen wir in diesem Buch reden. Doch erst mal eine Rückblende: ganz weit zurück, als es noch keine Werkzeuge gab – und auch noch keine Menschen?

«Die Dürre hatte schon zehn Millionen Jahre angehalten, und die Herrschaft der schrecklichen Saurier war lange vorbei. Hier am Äquator, auf dem Kontinent, der eines Tages Afrika heißen würde, hatte der Existenzkampf ein neues Stadium von Grausamkeit erreicht. In diesem ausgetrockneten, ausgedörrten Land konnte nur der Kleinste oder der Schnellste oder der Zäheste zu überleben hoffen. Die Menschenaffen der Steppe waren weder das eine noch das andere und unfähig, sich weiterzuentwickeln. Im Gegenteil, sie befanden sich auf dem Weg zum Untergang und waren bereits dem Verhungern nahe.»

Und so «erfanden» die Menschenaffen die ersten Werkzeuge . . .

«Die Werkzeuge . . . waren primitiv. Doch sie konnten die Welt verändern und den Menschenaffen zu ihrem Herren machen. Das einfachste war der Stein, der die Schlagkraft der bloßen Faust vervielfachte. (. . .) Es war ein schwerer, sechs Zoll langer Stein . . . Als er zum Schwung ausholte . . . durchfuhr ihn ein angenehmes Gefühl von Kraft und Macht.»

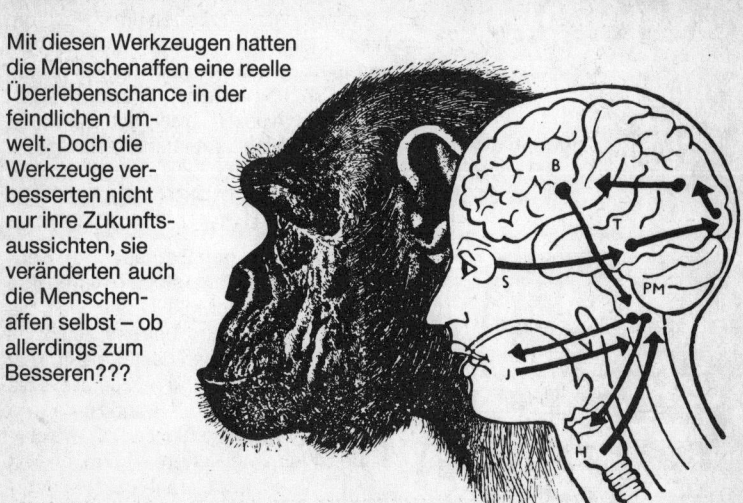

«Die Steinkeule, die Zahnsäge und der Horndolch waren die wundervollen Erfindungen, welche die Menschenaffen zum Überleben benötigten. Bald würden sie in ihnen die Symbole ihrer Überlegenheit erblicken. Doch viele Monate mußten vergehen, bevor sich ihre plumpen Finger die Geschicklichkeit aneigneten, sie zu benutzen.»

Mit diesen Werkzeugen hatten die Menschenaffen eine reelle Überlebenschance in der feindlichen Umwelt. Doch die Werkzeuge verbesserten nicht nur ihre Zukunftsaussichten, sie veränderten auch die Menschenaffen selbst – ob allerdings zum Besseren???

9

IST MIR JA PEINLICH, ABER ICH DEN-
KE IMMER NOCH SELBST. WO
BLEIBT DER COMPUTER?!

ICH DENK MIR SO, ES MUSS IM
LEBEN DOCH WAS BESSRES
ALS'N HAMMER
GEBEN ...

ICH DENK DER HAMMER
BRAUCHT'N STIEL.

ICH DENK MIR, ICH
KÖNNT'N HAMMER
BRAUCHEN!

ICH DENKE...

«Ihre riesigen Zähne wurden mit der Zeit kleiner, denn sie waren nicht länger unbedingt lebenswichtig. Die scharfkantigen Steine, mit denen man Wurzeln ausgraben und Fleisch schneiden konnte, begannen sie zu ersetzen. Die Menschenaffen mußten nicht mehr verhungern, wenn ihre Zähne schadhaft wurden; selbst die einfachsten Werkzeuge vermochten ihr Leben um viele Jahre zu verlängern. Und als ihre Reißzähne verschwanden, änderte sich auch die Form ihres Gesichts: Die Schnauze schrumpfte, die groben Backenknochen wurden zarter, und der Mund gewann die Fähigkeit, differenzierte Laute hervorzubringen.»

DIE WERKZEUGE WAREN DURCH IHRE EIGENEN
WERKZEUGE UMGEMODELT WORDEN

«Denn durch den Gebrauch von Keulen und Feuersteinen hatten ihre Hände eine Fertigkeit entwickelt, die nirgends sonst im Tierreich zu finden war und die ihnen gestattete, immer bessere Werkzeuge herzustellen, die ihrerseits ihre Glieder und Hirne weiterentwickelten. Es war wie eine beschleunigte Kettenreaktion, und an ihrem Ende stand der Mensch.»

(alle Zitate aus: Arthur C. Clarke „2001 – Odyssee im Weltraum")

2. Die Denk-Werkzeuge

Wo immer der Mensch auch herkommen mag, eins ist klar: Er hat von Anfang an Werkzeuge gemacht und benutzt. Und auch seine Werkzeuge haben eine Evolution durchgemacht. Womit er heute so hantiert, mag zwar mit der Steinkeule des Menschenaffen keine Ähnlichkeit mehr haben, aber auch Düsenflugzeuge, Raumfähren und andere derlei hochentwickelte Maschinen lassen sich letztlich auf die Keule zurückführen.

Hier wollen wir die Evolution des Computers zurückverfolgen. Computer und viele andere Werkzeuge dienen nicht direkt dazu, dem Menschen die körperliche Arbeit abzunehmen oder zu erleichtern, wie all die phantastischen Geräte, mit denen wir uns so umgeben.

Der Mensch wollte nicht nur seine physische Kraft steigern, sondern auch seine Geisteskraft. Die Werkzeuge des Geistes kamen aber erst sehr viel später als die Werkzeuge des Körpers. Doch ihre Bedeutung für die Menschheit war wohl genauso groß.

Die ersten «Geistes-Werkzeuge» könnten einfache, auf Fels oder Holz gekratzte Markierungen gewesen sein, als Gedächtnishilfen. Sie könnten den primitiven Menschen an irgendein Ereignis erinnert haben oder Mitteilungen an andere gewesen sein.

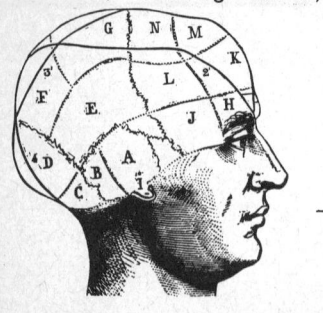

ICH WEISS GENAU, ES SOLLTE MICH AN WAS ERINNERN, ABER AN WAS? DIESE GEISTES-WERKZEUGE SIND VÖLLIG NUTZLOS!

ER HÄTTE LIEBER EINEN KNOTEN IN SEIN TASCHEN-TUCH MACHEN SOLLEN.

NA, VERSUCH MAL, EINEN KNOTEN IN EIN MAMMUT-FELL ZU MACHEN.

Um der Herkunft der Sprache und der Schrift nachzugehen, reicht hier der Platz leider nicht aus, doch halten wir fest: Die Kunst, Informationen in gesprochene oder geschriebene Wörter (Sprache und Schrift) umzusetzen, kann als «Denk-Werkzeug» angesehen werden. Mit «Denk-Werkzeug» meine ich etwas, was nicht greifbar ist, wie beispielsweise ein Schraubenzieher, uns aber nichtsdestotrotz hilft.

DIE MEISTEN «GEISTES-WERKZEUGE» SIND VON DIESER ART. IRGENDWIE SIND SIE ZWAR PHYSISCH GREIFBAR, DOCH NICHT IHRE PHYSISCHE EXISTENZ IST DAS ENTSCHEIDENDE, SONDERN WIE WIR SIE INTERPRETIEREN.

Dem liegt die Idee zugrunde, daß man irgend etwas (sei es selbst ein Gegenstand oder sogar etwas Gedankliches) mit einem Objekt als seinem Symbol assoziiert.

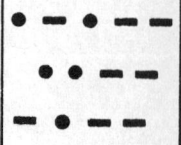

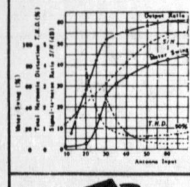

Solche Symbole kennen wir aus unserem Alltag. Ihre eigene körperliche Beschaffenheit ist nicht das, was sie repräsentieren. Das Symbol plus Interpretation vermittelt uns, was das eigentliche Objekt uns vermittelt hätte.

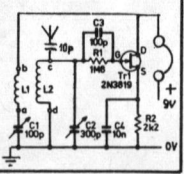

Die Sprache ist ein gutes Beispiel für so ein Symbolsystem. Das hier sind einzelne Zeichen, die jeweils das Symbol für eine Sache sind: «KATZE» für

«MATTE» für

und «SASS» für: etwas war auf etwas in der Vergangenheit. Außerdem gibt es Regeln, wie diese Symbole zu kombinieren sind. Wichtiger ist allerdings, daß uns die Regeln zeigen, wie wir den Satz «Die Katze saß auf der Matte.» interpretieren müssen. Wir wollen ja herausfinden, welche Information durch den Satz übermittelt wird. Um eine Information einem anderen Menschen mitzuteilen oder um sie zu speichern, damit sie als spätere Erinnerung dient, müssen wir sie in einer konkreten, physischen Form darstellen. Es gibt eine ganze Reihe von Symbolen, die in verschiedenen Sprachen und Codes benutzt werden und die nicht alle als Bilder auf Papier geschrieben werden.

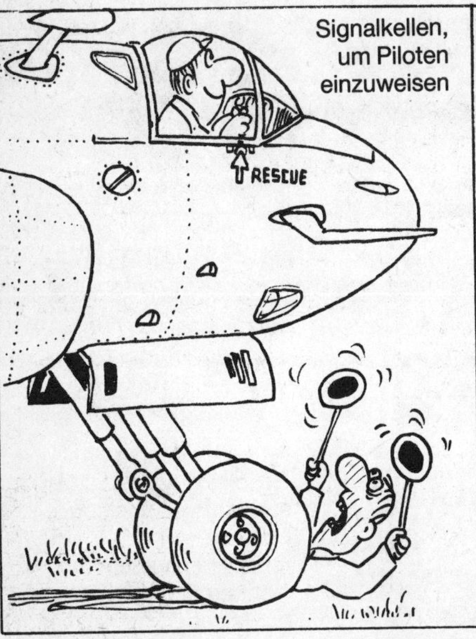

Signalkellen, um Piloten einzuweisen

Verkehrsampeln (die sogar von farbenblinden Leuten gedeutet werden können)

3. Der Abakus

Eines der Hauptgebiete, auf denen sich der Mensch das Leben schon lange durch Denk-Werkzeuge erleichtert, ist das Rechnen. Der Schäfer mußte seine Schafe zählen. Mehr noch, er mußte sich Zahlen merken und sie immer wieder mit den letzten Zählungen vergleichen, um festzustellen, ob er nicht Schafe verloren (oder zuge-kriegt!) hatte.

Eine der ersten Rechenmaschinen war der Abakus (der vielleicht schon um 4000 vor Christus erfunden wurde). Das ist ein ziemlich simples, jedoch sehr praktisches Gerät, das auch heute noch benutzt wird. Der Abakus besteht aus einem rechteckigen Rahmen mit einer Reihe paralleler Stäbe, auf denen Kugeln aufgereiht sind, die hin und her geschoben werden können. Nehmen wir zum Beispiel einen ganz einfachen Abakus mit nur vier Stäben. Wollen wir mit unserem heute üblichen Zahlensy-stem mit zehn Zahlen (dem Dezimalsystem) rechnen, brauchen wir zehn Kugeln auf jedem Stab. Kennt man nun das Zahlensystem, das sie repräsentieren, kann man mit etwas Übung durch Verschieben der Kugeln

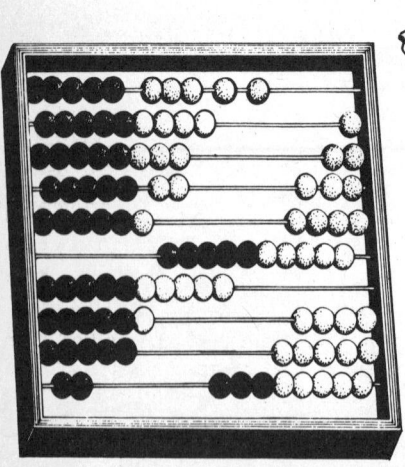

mit verblüffender Geschwindigkeit addieren, subtrahieren und sogar multiplizieren und dividie-ren. Dabei braucht man gar nicht groß nachzudenken, nur fingerfertig muß man halt sein.

16

Denn alles andere geht automatisch (na ja, fast alles: der Rechenkünstler muß nämlich immer auf den Übertrag achten; dazu muß er für eine volle Reihe immer eine Kugel von der nächsten Reihe schieben).

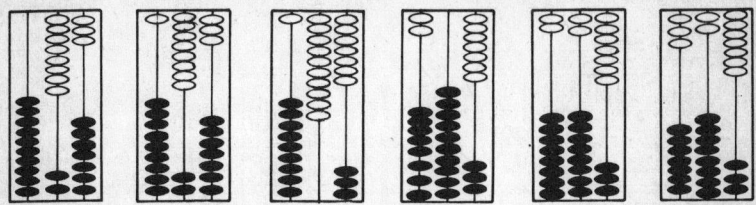

Dann wollnwama: 183 plus 144. Zuerst müssen wir 183 eingeben, indem wir 3 Einserkugeln, 8 Zehner und 1 Hunderter hochschieben. Um jetzt 144 dazuzuzählen, geben wir diese zweite Zahl genauso ein: erst 4 Einser . . ., aber jetzt aufgepaßt, denn wenn wir in der zweiten Reihe zwei Kugeln geschoben haben, gehen uns die Kugeln aus. Macht aber nix, denn jetzt werden einfach alle zehn Kugeln wieder zurückgeschoben und statt dessen eine Kugel der nächsten Reihe hochgeschoben (also auf der Hunderterreihe). Jetzt bei den Zehnern noch die letzten 2 hoch, und weiter mit der letzten Kugel, der Hunderter von 144. Fertig. Die hochgeschobenen Kugeln zählen: 327. Stimmt. (Wer's nicht glaubt, kann ja mit dem Taschenrechner nachrechnen.)

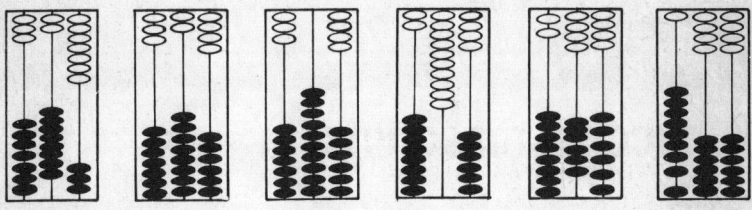

Machen wir's mal umgekehrt: 327 minus 183. Und umgekehrt wird's auch gemacht. 327 eingeben. Dann erst 3 runterschieben; jetzt 8, aber das geht ja nicht, weil nur 2 Zehner oben sind; also müssen wir 10 Zehner gegen einen Hunderter tauschen, nachdem die vorhandenen 2 runtergeschoben sind; jetzt noch 6 Kugeln runter und schließlich eine von den verbliebenen 2 Hundertern. Macht 144.

Glaubt's mir, das klingt komplizierter, als es ist. Mit einiger Übung geht es wirklich blitzschnell. Aber das System setzt eben doch noch menschliche Fähigkeit und menschlichen Zeitaufwand voraus. Und vor menschlichen Fehlern und Ungenauigkeiten ist es absolut nicht gefeit.

Der Schotte John Napier versuchte 1614, diese Faktoren auszuschalten. Er erfand die Rechentafel und führte das Rechnen hinterm Komma ein. Und dann erfand er noch Rechenstäbchen, die «Napiers Knochen» genannt wurden und Vorläufer des Rechenschiebers waren. Vermutlich baute 1623 der Deutsche

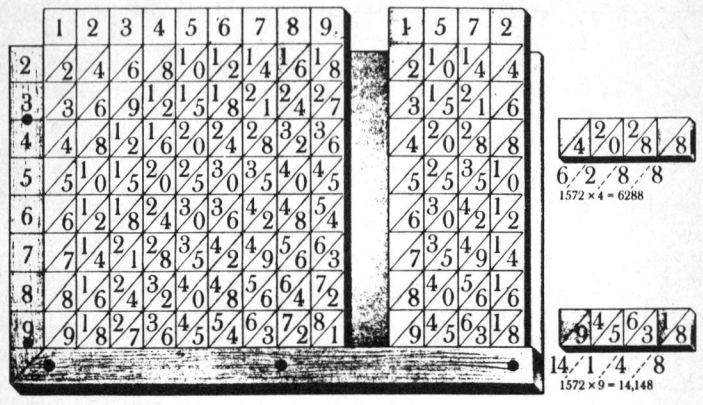

$1572 \times 4 = 6288$

$1572 \times 9 = 14{,}148$

Wilhelm Schickard auf der Grundlage von «Napiers Knochen» einen Apparat, der «automatisch» addierte und subtrahierte. Dummerweise blieb diese tolle Erfindung damals im verborgenen, und erst später bekamen Historiker Wind von der Sache.

4. Rechenmaschinen

Den ersten mechanischen Rechner, der richtig bekannt wurde, konstruierte 1642 der Franzose Blaise Pascal. Sein Apparat bestand aus mehreren Rädern, die jeweils die Zahlen 0 bis 9 trugen (so ähnlich wie eine Telefonwählscheibe). Die Räder waren so angebracht, daß sie von links nach rechts abgelesen werden konnten. Wenn eines der Räder von 9 auf 0 umsprang, wurde durch einen kleinen Haken das nächste Rad um eine Stelle weitergerückt. Beim Rechnen mit dem famosen Ding konnte man deshalb getrost den Übertrag vergessen.

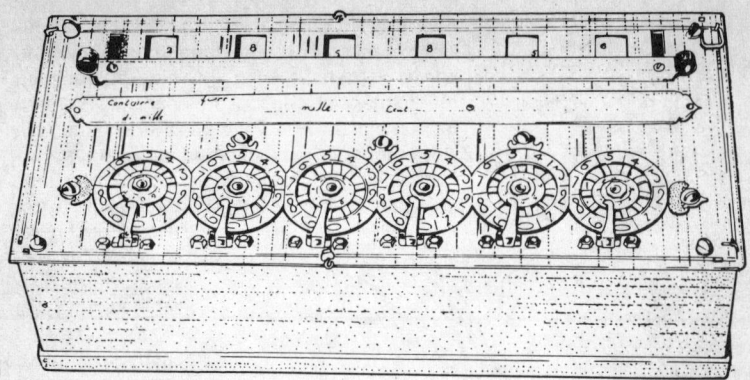

Pascals Maschine addierte und subtrahierte direkt, Multiplikation und Division aber wurden durch wiederholte Additionen und Subtraktionen durchgeführt. 1674 stellte dann Gottfried Wilhelm Leibniz seine vollautomatische Rechenmaschine mit den vier Grundrechenarten vor.
Leibniz bereicherte die Mathematik außerdem noch durch seine Arbeit auf dem Gebiet der mathematischen Logik. Seine theoretische Arbeit wurde später vor allem von George Boole fortgeführt, der schon damals die rechnerischen Grundlagen für die Computerrechnerei legte.

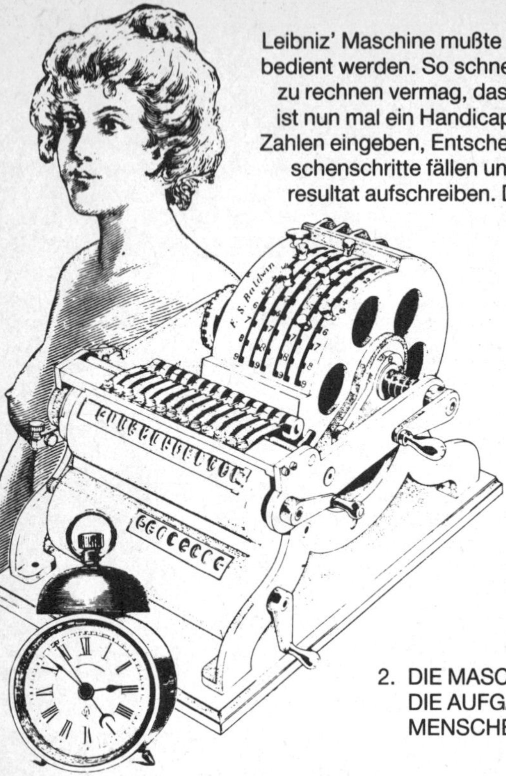

Leibniz' Maschine mußte immer noch von Hand bedient werden. So schnell so ein Apparat auch zu rechnen vermag, das menschliche Element ist nun mal ein Handicap. Ein Mensch muß die Zahlen eingeben, Entscheidungen über die Zwischenschritte fällen und schließlich das Endresultat aufschreiben. Da der Mensch bei der ganzen Rechnerei die meiste Zeit verbraucht, würde eine Beschleunigung des maschinellen Rechenvorgangs die gesamte Rechenzeit also kaum verkürzen. Schneller ginge es folglich nur, wenn

1. DER MENSCH AN DER MASCHINE FLINKER UND FÄHIGER WÜRDE

oder

2. DIE MASCHINE SELBST DIE AUFGABEN DES MENSCHEN ÜBERNÄHME.

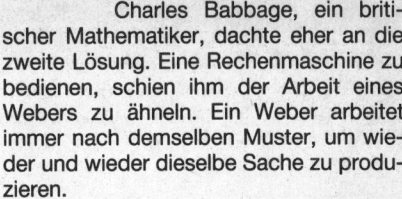

Charles Babbage, ein britischer Mathematiker, dachte eher an die zweite Lösung. Eine Rechenmaschine zu bedienen, schien ihm der Arbeit eines Webers zu ähneln. Ein Weber arbeitet immer nach demselben Muster, um wieder und wieder dieselbe Sache zu produzieren.

1822 wurde ihm von der Königlichen Astronomischen Gesellschaft für seine «Beobachtungen über die Anwendung von Maschinen bei der Berechnung mathematischer Tabellen» eine Goldmedaille verliehen. Dann baute er eine handbetriebene «Differenz-Maschine». Dieser Apparat konnte (ebenso wie ein Webstuhl) nur eine Aufgabe erfüllen: polynomische Gleichungen lösen. Danach begann er, über eine vielseitige Maschine nachzudenken, die viele Aufgaben lösen könnte. Babbages «analytische Maschine» benutzte Karten, in die Löcher gestanzt waren, um die Maschine mit Befehlen und Daten (in diesem Fall Zahlen) zu füttern. Ganz automatisch tat der Apparat dann, was ihm mit Hilfe der Lochkarten aufgetragen wurde.

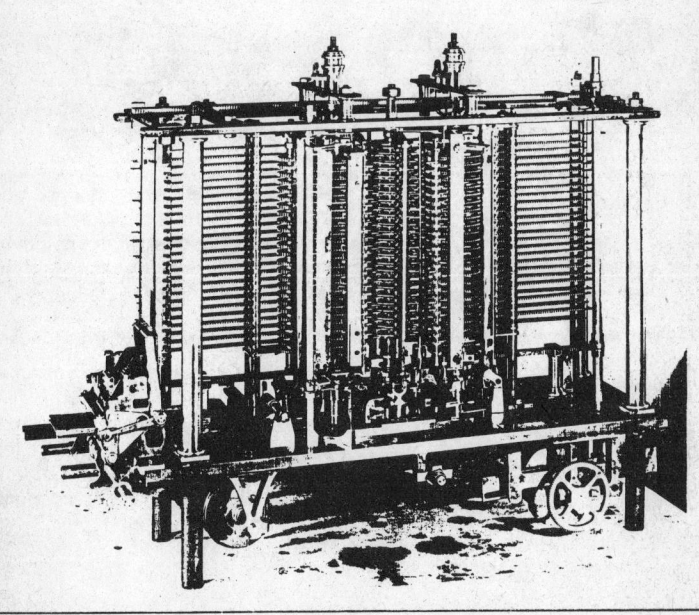

Die Idee mit den Lochkarten hatte schon der Franzose Joseph Jacquard gehabt, der damit 1790 einen Webstuhl betrieb. Babbage hatte übrigens fürstliche Hilfe: Gräfin Ada Lovelace lochte fleißig Karten mit Befehlen für seine Maschine. Von ihr stammt der schöne Satz: «Die analytische Maschine webt algebraische Muster wie der Jacquard-Webstuhl Blumen und Blätter.»

Die analytische Maschine sollte eine Eingabeeinheit, ein Rechenwerk, eine Steuereinheit, ein Gedächtnis und eine Ausgabeeinheit haben. Das ist im Grunde genommen schon wie bei einem modernen Computer. Allerdings sollte der Rechner mit

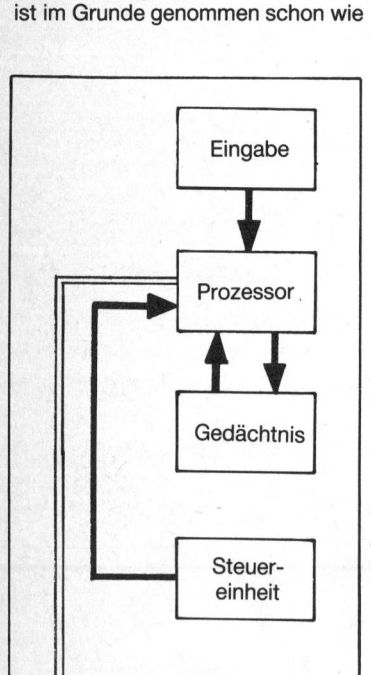

Dampf betrieben werden und mechanische Hebel und Räder haben. Und das unterscheidet ihn natürlich erheblich von seinen Nachfahren. Leider wurde Babbages Maschinchen nie fertig gebaut, denn noch war die Technik nicht weit genug entwickelt (und außerdem kam nicht genug Geld von der Regierung). Sie war nicht mehr nur Rechenmaschine, und doch noch kein richtiger Computer – so was wie ein Neandertaler, das Bindeglied zwischen dem Affen und dem Menschen.

5. Die theoretische Grundlage des Computerrechnens

Wenn man sich so umschaut heutzutage, dann sieht man in den Büros, Arbeitszimmern und sonstwo sowohl Rechenmaschinen als auch Computer, so wie es heute ja auch Affen und Menschen nebeneinander gibt.

Obwohl Computer Ähnlichkeiten mit Rechenmaschinen haben und manchmal aus demselben Material hergestellt werden, sind sie doch «theoretisch» aus ganz verschiedenem Holz geschnitzt.

Die theoretische Grundlage der Computerrechnerei geht schon auf die Arbeiten von George Boole aus dem 19. Jahrhundert zurück. Er zeigte damals, daß einfache Logik auf ein sehr einfaches algebraisches System nur mit Einsen und Nullen reduziert werden kann.

1936, etwa zehn Jahre bevor die ersten Computer gebaut wurden, stellte der britische Logiker und Geheimdienstexperte Alan Turing die theoretische Grundlage aller möglichen Datenverarbeitungsmaschinen vor. Er beschrieb in der Theorie eine Maschine (die «Turing-Maschine»), die alle Rechenschritte ausführen konnte, die auch ein Mensch beherrscht.

Gäbe man Turings Rechner eine geeignete Reihe einfacher Befehle, wäre er in der Lage, jede andere Informationen verarbeitende Maschine zu imitieren.

Turings Maschine transportierte ein Band vor und zurück und beschrieb und las dabei quadratische Felder auf dem Band. Indem sie dies tat, wechselte die Maschine von einem Zustand in den anderen. Die Maschine mußte exakt definiert sein, so daß für jedes Symbol, das unter ihrem Lesekopf auftauchen konnte, die Beschriftung auf dem Quadratfeld bestimmte, welches Symbol zu schreiben war, welcher Zustand aufzusuchen war und in welche Richtung das Band zu bewegen war. Ein Amerikaner, Emil Post, veröffentlichte zur gleichen Zeit unabhängig von Turing den Plan einer Rechenanlage, mit deren Hilfe ein «Arbeiter» Probleme in Symbolischer Logik lösen könnte, indem er lediglich maschinenähnliche «primitive» Handlungen ausführte. Posts Anweisungen an den Arbeiter und die Turings an seine Maschine waren erstaunlich ähnlich. Die Beiträge von Leuten wie Turing und Post zur Entwicklung des Computers sind nicht zu unterschätzen. Zwar befaßten sie

sich nicht damit, eine richtige Maschine zu bauen, wie dies Babbage und andere taten, aber ihre ausgedachten «Maschinen» waren gleichwohl entscheidende Schritte zur Lösung vielschichtiger Probleme der Logik und Mathematik.

Turing trug noch einiges mehr zu den theoretischen Grundlagen der Computerei bei. Er wies nach, daß wir das Verhalten einer Turing-Maschine nicht dadurch voraussagen können, daß wir wissen, wie sie konstruiert ist und in welchem Anfangszustand sie sich befunden hat. Turing schrieb 1950 ein epochemachendes Werk über Computerintelligenz, «Computing Machinery and Intelligence», in dem er auch einen Test vorschlug, um herauszufinden, wann ein Computer als intelligent bezeichnet werden kann (bekannt als Turing-Test).

6. Die ersten Analogrechner

Während Turing und ein Mr. Post nur eine theoretische Maschine zur Lösung theoretischer Probleme entwickelten, bauten andere schon fleißig an praktischen Maschinen zur Lösung praktischer Probleme. Im Jahre 1880 wurde in den USA die elfte Volkszählung durchgeführt. Und sieben Jahre später waren die wackeren Zähler immer noch dabei, mit Bleistift und Papier die Fragebögen auszuwerten!

OJE! HÄTTEN WIR BLOSS ENDLICH EIN COMPUTERZENTRUM!

So beschloß man, einen Wettbewerb auszuschreiben, um einen schnelleren Weg zu finden, die neusten Zahlen auszuwerten. Und der Sieger war: Herman Hollerith (1860 trotz deutschem Namen in Amerika geboren und 1929 auch dort gestorben). Er präsentierte einen elektrischen Apparat, den er «Tabellier-Maschine» nannte und der Lochkarten à la Jacquard benutzte. Seine Maschine schaffte es (in 43 Exemplaren), die Volkszählung von 1890 in vier Wochen auszuwerten. Hollerith gründete die Tabulating Machine Company, aus der später dann IBM wurde – International Business Machine Company.

Die Maschine war eigentlich ganz simpel. Sie funktionierte mit Lochkarten, die zwölf waagerechte Reihen mit je 80 möglichen Lochpositionen hatten. An jeder dieser Positionen konnte nun ein Loch sein oder auch nicht. Alles in allem gab es also 960 mögliche Löcher. Die Maschine sortierte nun nach einem festen Code die gelochten Karten, verglich und zählte sie und druckte das Ergebnis in lesbarer Weise aus.

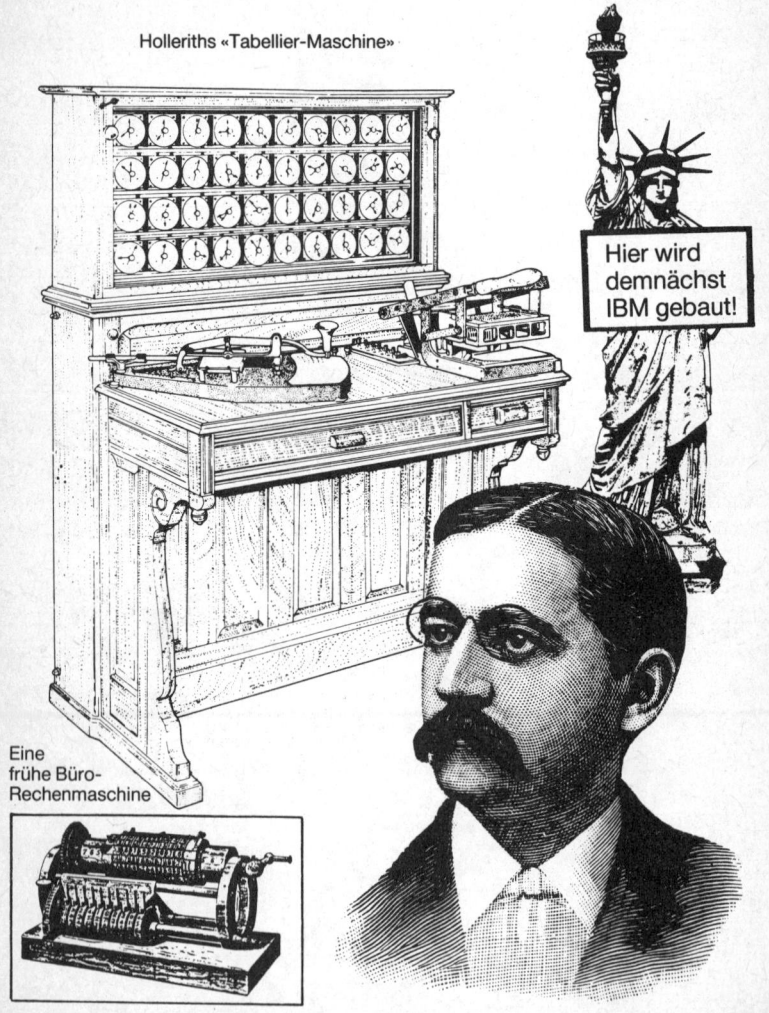

Holleriths «Tabellier-Maschine»

Hier wird demnächst IBM gebaut!

Eine frühe Büro-Rechenmaschine

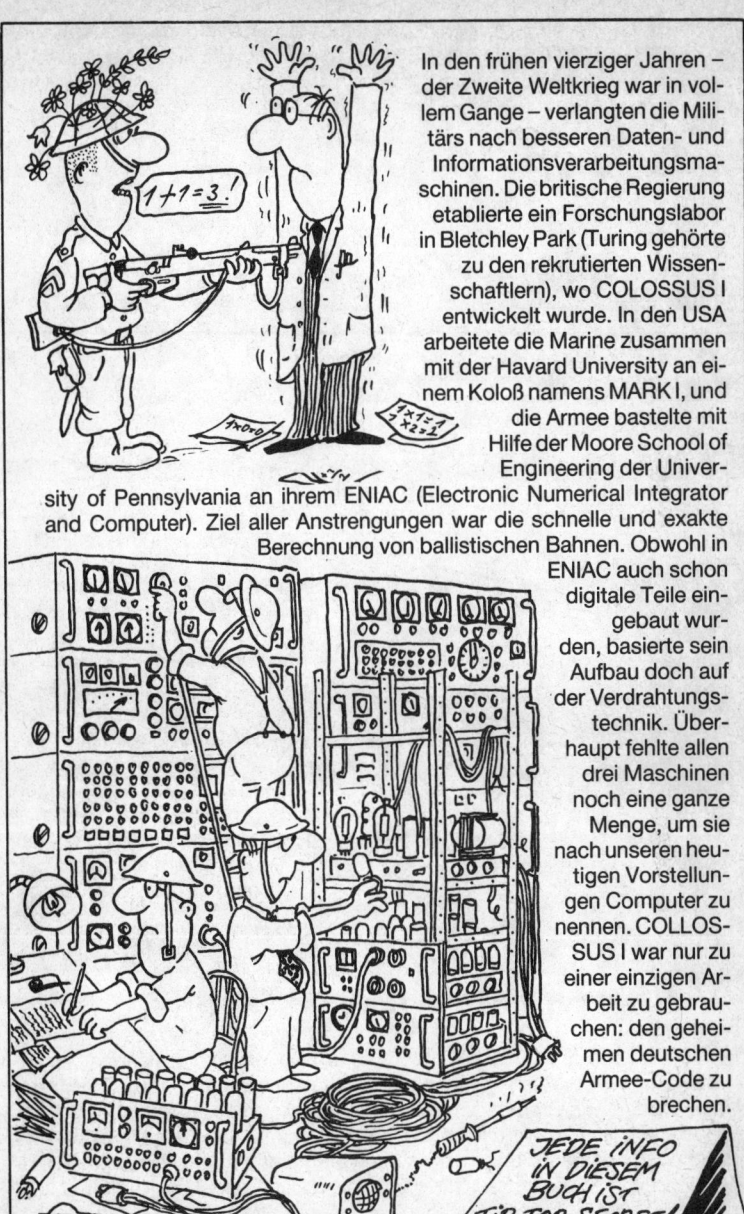

In den frühen vierziger Jahren – der Zweite Weltkrieg war in vollem Gange – verlangten die Militärs nach besseren Daten- und Informationsverarbeitungsmaschinen. Die britische Regierung etablierte ein Forschungslabor in Bletchley Park (Turing gehörte zu den rekrutierten Wissenschaftlern), wo COLOSSUS I entwickelt wurde. In den USA arbeitete die Marine zusammen mit der Havard University an einem Koloß namens MARK I, und die Armee bastelte mit Hilfe der Moore School of Engineering der University of Pennsylvania an ihrem ENIAC (Electronic Numerical Integrator and Computer). Ziel aller Anstrengungen war die schnelle und exakte Berechnung von ballistischen Bahnen. Obwohl in ENIAC auch schon digitale Teile eingebaut wurden, basierte sein Aufbau doch auf der Verdrahtungstechnik. Überhaupt fehlte allen drei Maschinen noch eine ganze Menge, um sie nach unseren heutigen Vorstellungen Computer zu nennen. COLLOSSUS I war nur zu einer einzigen Arbeit zu gebrauchen: den geheimen deutschen Armee-Code zu brechen.

Der MARK I, 1944 mit der Hilfe von IBM fertiggestellt, bestand im wesentlichen aus 78 miteinander verbundenen Rechenmaschinen. ENIAC war zwar flexibel

genug, um verschiedene Aufgaben erfüllen zu können, doch mußten seine Teile für jede neue Berechnung neu miteinander verkabelt werden. Die Befehle, die die Maschine befolgte, bestanden in der jeweiligen Form der Verkabelung. Dieses Prinzip (plus einige andere ähnliche Ideen) wird noch heute bei den Rechnern angewandt, die man mit dem Begriff Analogcomputer bezeichnet.

7. Von Neumanns Maschine

1944 trafen sich dann die drei Entwicklungslinien, die sich aus den frühen Rechenmaschinen, den statistischen und Büromaschinen und schließlich den theoretischen Ansätzen der Computertechnik herausgeschält hatten.

Es war der in Ungarn geborene John von Neumann, der diese Linien vereinte und die Grundlage für unsere heutigen Computer schuf. Ursprünglich hatte sich Herr von Neumann nur für die theoretischen Aspekte der Mathematik interessiert, doch später, nachdem er einen Gedankenaustausch mit den

Kollegen von der Moore School of Engineering begonnen hatte, wollte er seine theoretischen Überlegungen auch auf ganz praktische Probleme anwenden. Sein «Erster Entwurf eines Berichtes über den EDVAC», der am 30. Juni 1944 veröffentlicht wurde, ließ schon die meisten Kennzeichen heutiger Computer erkennen. Er nannte seine Maschine «ein sehr schnelles automatisches Digital-Computer-System».

Von Neumanns Apparat unterschied sich von vielen anderen, die damals nach etwa denselben Prinzipien entwickelt wurden, durch seine elektronischen Bauteile und die Idee, Programme zu speichern. Frühere Computer hatten aus einer Reihe von Rechenelementen bestanden, die vor jeder Rechnung durch Kabel miteinander verbunden werden mußten.

Das Neue an von Neumanns EDVAC (Electronic Discrete Variable Automatic Computer) war, daß er das Programm (die Verbindungskabel eines Analogrechners) selbst speicherte. Auf diese Art und Weise konnten die logischen Entscheidungen über den Programmablauf im Computer getroffen werden. So konnten nicht nur die Daten, sondern auch die Befehle modifiziert werden, während der Computer arbeitete.

Von Neumanns Ideen hatten großen Einfluß auf die meisten Computerwissenschaftler, und sein Entwurf eines Computers bildet noch heute das Vorbild für Digitalrechner. Eine Von-Neumann-Maschine ist allerdings nur eine mögliche Form, einen Turing-Rechner zu verwirklichen. Andererseits müssen jedoch nicht alle Turing-Rechner Von-Neumann-Computer sein. Es ist jedoch erst in den letzten Jahren gelungen, Computer zu entwickeln, die nicht haargenau dem Neumannschen Vorbild folgen.

Die Verwendung elektronischer Bauteile und eines gespeicherten Programms sind die Konsequenz des Wunsches, schnell und automatisch zu rechnen. Um das zu erreichen, kam von Neumann auf die Idee, einen einzigen «zentralen arithmetischen Teil» zu konstruieren. Von Neumann meinte dazu:

«DAS TEIL SOLLTE SO EINFACH WIE MÖGLICH SEIN, DAS HEISST, SO WENIGE BESTANDTEILE WIE MÖGLICH HABEN. DAS LÄSST SICH ERREICHEN, INDEM NIE ZWEI RECHENVORGÄNGE GLEICHZEITIG VORGENOMMEN WERDEN . . .»

Diese Entscheidung, die dem Wunsch nach größtmöglicher Zuverlässigkeit entsprang, hatte weitreichende Konsequenzen und gilt auch heute noch, obwohl seit mindestens einem Jahrzehnt die technische Entwicklung auch andere Möglichkeiten zuließe. Eine einzige arithmetische Einheit, die nur eine Rechenoperation zur Zeit durchführt, machte es möglich, das gespeicherte Programm in Form einer Folge von einzelnen Operationen zu kodieren. Diese Art der Einzelschritt-für-Einzelschritt-Beschreibung hat sich als äußerst praktisches Instrument zur Analyse und Spezifizierung vieler Prozesse erwiesen. Erst in den letzten Jahren sind Fortschritte bei der Analyse und Spezifizierung von Prozessen gemacht worden, bei denen mehrere Operationen gleichzeitig oder ohne genau festgelegte zeitliche Abfolge ablaufen können. Die große Mehrheit heute üblicher Computer ist noch immer nach von Neumanns Konzept des einzelnen arithmetischen Schaltelements eine Rechenoperation zur Zeit konstruiert.

Die anderen wichtigen Kennzeichen sind:

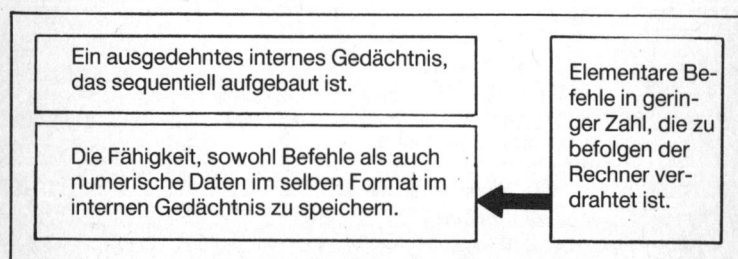

Ein ausgedehntes internes Gedächtnis, das sequentiell aufgebaut ist.

Die Fähigkeit, sowohl Befehle als auch numerische Daten im selben Format im internen Gedächtnis zu speichern.

Elementare Befehle in geringer Zahl, die zu befolgen der Rechner verdrahtet ist.

8. Die ersten digitalen Computer

John von Neumanns Überlegungen hatten den «Bauplan» für den modernen Computer geliefert – und fast sofort wurde in Großbritannien und den USA mit der Konstruktion einer Reihe von Maschinen begonnen. Die Leute von der Moore School of Engineering, die bereits ENIAC gebaut hatten, unternahmen die Entwicklung von EDVAC. Doch dann verließen zwei der führenden Forscher der Gruppe das Institut, um ihre eigene Gesellschaft zu gründen und um mit Computern Geld zu machen!

EDSAC (Electronic Delay Storage Automatic Calculator), Geniestreich des Mr. Maurice V. Wilkes von der Cambridge University, war der erste automatische Digitalrechner, der eine Berechnung ausführte. Das war am 6. Mai 1949.

Parallel dazu wurde in Manchester der Mark I Computer entwickelt, was unmittelbar zur Produktion des ersten europäischen, kommerziell vertriebenen Computers durch Ferranti führte. Markenname: STAR.

In den USA produzierten die abgesprungenen Leute der EDVAC-Gruppe, J. Piesper Eckert und John Mauchly, den UNIVAC, der am 14. Juni 1951 an das U.S. Bureau of the Census ausgeliefert wurde, um die Volkszählung von 1950 auszuwerten. Später kaufte IBM ihre Gesellschaft auf und stieg ins Computergeschäft ein. Insgesamt wurden in Fließbandproduktion 45 UNIVAC-Systeme gebaut.

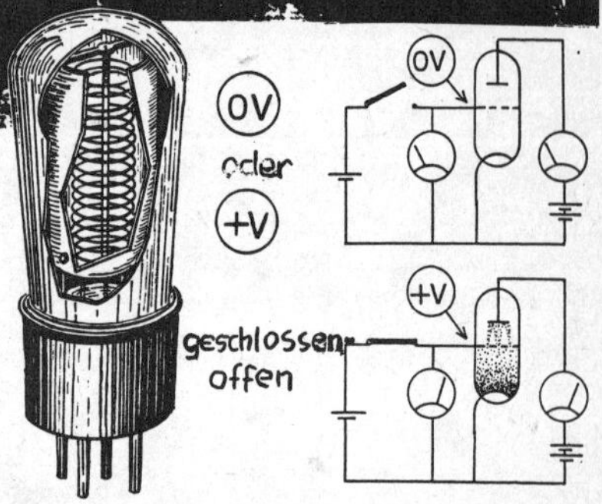

Zu dieser Zeit hatte sich der Computer im Prinzip zu seiner heutigen Form entwickelt. Die Rechner von damals werden Computer der ersten Generation genannt. Sie enthielten elektronische Bauteile, die teilweise schon in früheren Analogrechnern verwendet worden waren, teilweise erst damals entwickelt wurden. Das herausragende Bauelement war die «Röhre», die auf «an» und auf «aus» schalten und tausendmal schneller zählen konnte als bewegliche mechanische Teile. Die benutzten Teile hatten jedoch nur eine kurze Lebensdauer und entwickelten eine wahnsinnige Hitze. Die Computer der ersten Generation brauchten von allem viel: Platz, Strom und Aufmerksamkeit (das heißt, es mußte ständig jemand die Röhren auswechseln!).

Doch dann kam: der Transistor! 1948 geboren in den Bell Laboratories. Und 1950 gefolgt von Shockleys bipolarem Transistor. Die Computer der zweiten Generation wurden jetzt mit Transistoren anstelle von Röhren ausgestattet, was sie nicht nur billiger und zuverlässiger machte, sondern auch sehr viel kleiner, kühler und stromsparender. IBM baute Transistoren in ihren Geschäftscomputer 1401 und in ihr Modell 1620 ein, das wissenschaftlichen Zwecken diente, so daß Computer jetzt in großem Stil angewendet werden konnten.

STOPP DEN VERSUCH, STOCKLEY! UNSERE COMPUTER MÜSSEN SICH MAL WIEDER TOTAL MIT DEN KOMMAS VERTAN HABEN!

1964 erblickte eine dritte Computergeneration das Licht der schönen, neuen Welt. Die Geräte dieser Periode zeichneten sich durch neuartige integrierte Schaltungen (IC, nach dem englischen integrated circuit) aus, bei denen viele Transistoren und andere Teile zusammen in einem einzigen kleinen Behälter untergebracht wurden.

Die niedrigen Preise und die hohe Komponentendichte dieser Schaltungen plus den Erfahrungen mit früheren Rechnern führten zu einigen bedeutenden Verbesserungen der Computersysteme, die jetzt einen weitaus vielfältigeren Einsatz erlaubten. 1964 begann IBM mit der Auslieferung des legendären System 360 Computers, der für viele Jahre die Vormachtstellung des Unternehmens begründete: Computer und IBM, das waren fast schon Synonyme. Doch auch ein paar andere Gesellschaften, wie zum Beispiel Control Data Corporation und einige europäische Firmen, begannen schließlich, nach dem süßen Computerkuchen zu greifen.

9. Vergleichstabelle

Um zwei zehnstellige Zahlen miteinander zu multiplizieren, braucht ein Computer der

Ur-Generation 1/40
Sekunde

Ersten Generation
1/2000 Sekunde

Zweiten Generation
1/100 000 Sekunde

Dritten Generation
1/2 400 000 Sekunde

Anatomie des Computers

1. Computer gegen Buchhalter und Rechenmaschine

2. Eine einfache Darstellung eines Computersystems

3. Was ist ein Computer?

4. Im Inneren eines Computers

5. Das binäre System (Eine kurze Abschweifung)

6. Wie Computer binär rechnen

7. Wie das alles zusammenpaßt

8. Was passiert, wenn man eine Taste drückt?

1. Computer gegen Buchhalter und Rechenmaschine

Computer wurden einst als Maschinen erdacht, die die Rechengeschwindigkeit erhöhen sollten, indem sie den menschlichen Arbeitsanteil verringerte. Denn der Mensch ist nun mal langsam, sein Tempo hat ziemlich enge Grenzen. Und deshalb wollten immer wieder Leute Maschinen bauen, die mit möglichst wenig menschlicher Einmischung so schnell und so genau wie möglich rechneten.

1. Die Zahl der geleisteten Arbeitsstunden nachsehen.

2. Die Gesamtzeit errechnen, einschließlich einer Reihe von Überstunden – das Ergebnis wird auf dem Block notiert.

3. Die Lohngruppe des Arbeiters in den Lohntabellen nachsehen.

4. Den Lohn ausrechnen – eine Multiplikation auf der Rechenmaschine.

5. Das Geld in die Lohntüte stecken.

6. Nachprüfen, ob noch weitere Löhne berechnet werden müssen; wenn nicht: die Lohntüten verteilen lassen.

Nehmen wir uns mal ein typisches Beispiel für die Computerisierung eines Vorgangs vor: Da hockt ein Buchhalter und macht Lohntüten fertig. Er hat die Aufzeichnungen über geleistete Arbeitsstunden, Lohntabellen, Bargeld, eine Tisch-Rechenmaschine und wahrscheinlich einen Füller und einen Notizblock vor sich. Für jeden einzelnen Arbeiter macht er folgendes:

A-F   G-K   L-Q   P-U   V-Z

Wenn jetzt ein Computer diese Arbeit übernehmen soll, muß er mehr sein als nur eine «große, schnelle Rechenmaschine». Der Computer muß sowohl die Arbeit des Buchhalters als auch die seiner Rechenmaschine übernehmen. Es stimmt zwar, daß Computer gelegentlich genau wie Rechenmaschinen Additionen und Multiplikationen ausführen, doch sie erledigen auch alle möglichen anderen Dinge, zum Beispiel den Namen eines Arbeiters, seine Lohngruppe und die Stundenzahl nachsehen und überprüfen, ob der Arbeiter krank gemeldet oder im Urlaub war. Der Computer muß in der Lage sein, Aufzeichnungen auszuwerten und auf den letzten Stand zu bringen; er muß das Banküberweisungsformular in den Drucker befördern (wenn sie ausgegangen sind, einen neuen Stapel abrufen), den Namen des Arbeiters aufdrucken, das Datum, den errechneten Lohnbetrag und die Kontonummer eintragen; schließlich die Signatur aufdrucken und das Formular zum «Erledigt»-Haufen befördern.

Der Computer konkurriert viel mehr mit dem armen kleinen Buchhalter als mit dessen Rechenmaschine. Fast die gesamte Zeit in unserem Beispiel und überhaupt einen großen Teil der Zeit, die ein Computer zur Lösung eines jeden Problems braucht, positioniert, vergleicht, bewegt, wählt der Computer aus ... nur in einem ganz kleinen Teil der Zeit rechnet er im eigentlichen Sinne. Anstatt also die Legende weiterzuspinnen, Computer seien «große, schnelle Rechenmaschinen» (oft nennt man sie auf deutsch auch «Rechner»), sollte man sich darum bemühen, sie als das zu begreifen, was sie wirklich sind und was sie wirklich tun.

Die zunehmende Anwendung von Computern zur Textverarbeitung könnte die eine Legende durch eine andere ersetzen: daß Computer «große, schnelle Textverarbeiter» seien (manchmal wird auch das englische «word processor» gebraucht); oder Kinder könnten glauben, sie seien «große, tolle, schnelle Star-Wars-Maschinen».

Zahlen, Texte, Figuren sind alles Symbole. Der Computer bewegt, kopiert, bearbeitet Symbole, und am besten wäre er mit «großer, schneller Symbolverarbeiter» bezeichnet. Diese allgemeine Definition für einen Computer ist die anschaulichste. Sie umfaßt alle möglichen Anwendungsgebiete, sei es Rechnen, Textverarbeitung, Videospiele, Entscheidungen treffen, Probleme lösen, Übersetzen . . . die Liste ist endlos.

2. Eine einfache Darstellung eines Computersystems

In unserem Beispiel können beide, der Buchhalter wie der Computer, als symbolverarbeitende Apparate bezeichnet werden, da beide Symbole heranziehen, sie bearbeiten und Ergebnisse produzieren.

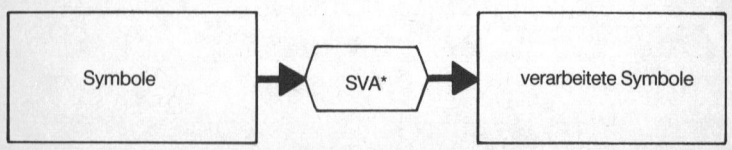

* Symbol-verarbeitender Apparat

Da diese Apparate mehrere Dinge tun können, müssen wir ihnen sagen, was sie tun sollen.

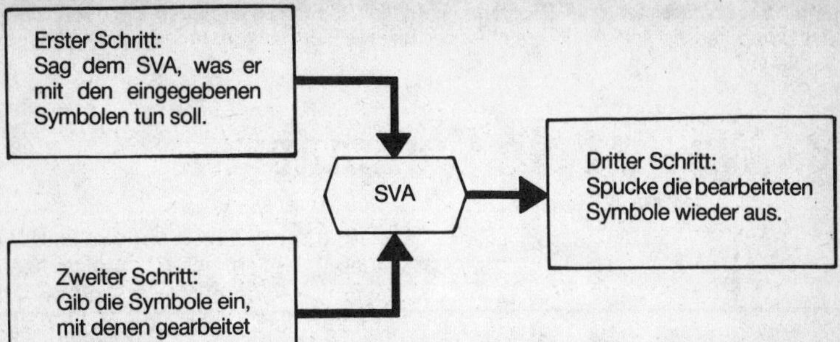

Erster Schritt:
Sag dem SVA, was er mit den eingegebenen Symbolen tun soll.

SVA

Dritter Schritt:
Spucke die bearbeiteten Symbole wieder aus.

Zweiter Schritt:
Gib die Symbole ein, mit denen gearbeitet werden soll.

In unserem Beispiel:

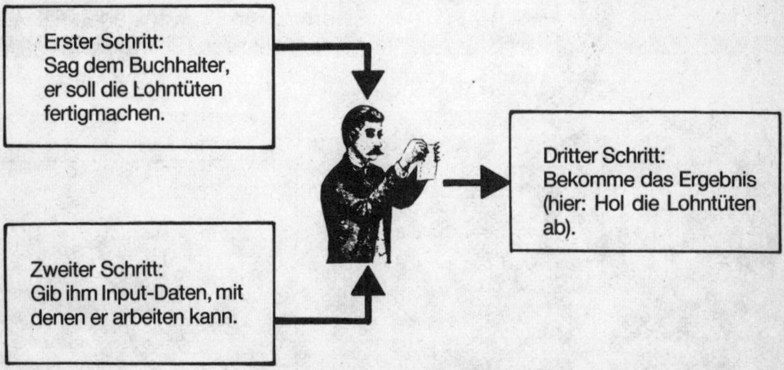

Erster Schritt:
Sag dem Buchhalter, er soll die Lohntüten fertigmachen.

Dritter Schritt:
Bekomme das Ergebnis (hier: Hol die Lohntüten ab).

Zweiter Schritt:
Gib ihm Input-Daten, mit denen er arbeiten kann.

Wenn der Apparat allerdings nicht weiß, was zu tun ist, müssen wir ihm außerdem erklären, «wie er es machen muß». Menschen lernen das «Wie» in einem allmählichen Lernprozeß (Lehre), doch Computer kriegen ihr Know-how ruckizucki in Form eines «Programms».

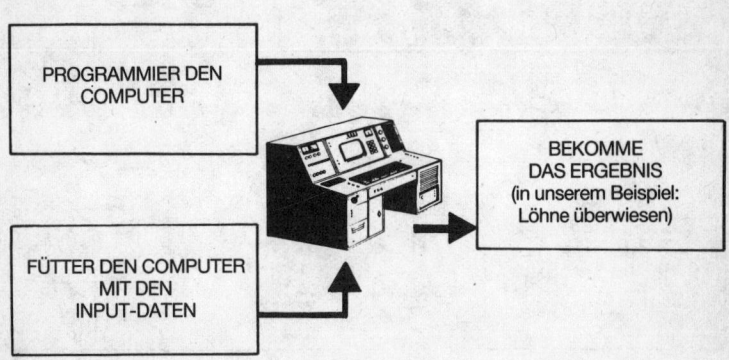

PROGRAMMIER DEN COMPUTER

BEKOMME DAS ERGEBNIS (in unserem Beispiel: Löhne überwiesen)

FÜTTER DEN COMPUTER MIT DEN INPUT-DATEN

41

Von Neumanns Konzept des «gespeicherten Programms» bedeutet, daß wir nicht mehr jedesmal im Computer rumfummeln müssen, wenn wir ihm sagen wollen, was und wie er es tun soll. Wir können das «Programm» auf dieselbe Weise eingeben wie die «Daten». Der Computer «speichert» die Befehle (das heißt, er lernt sie auswendig) und wendet sie bei Bedarf an.

3. Was ist ein Computer?

Die meisten Leute, die dieses Buch lesen, wollen schnell mal wissen, was ein Computer ist und wie er funktioniert. Doch eine einzige einfache Antwort würde wohl nicht jeden befriedigen. Also werden wir die Frage gleich mehrmals beantworten, und zwar jedesmal aus einem anderen Blickwinkel.

Eine Gruppe von Lesern können wir vielleicht mit folgender Antwort zufriedenstellen: «Ein Computer ist eine Maschine, die einige geistige Aufgaben erfüllen kann.»

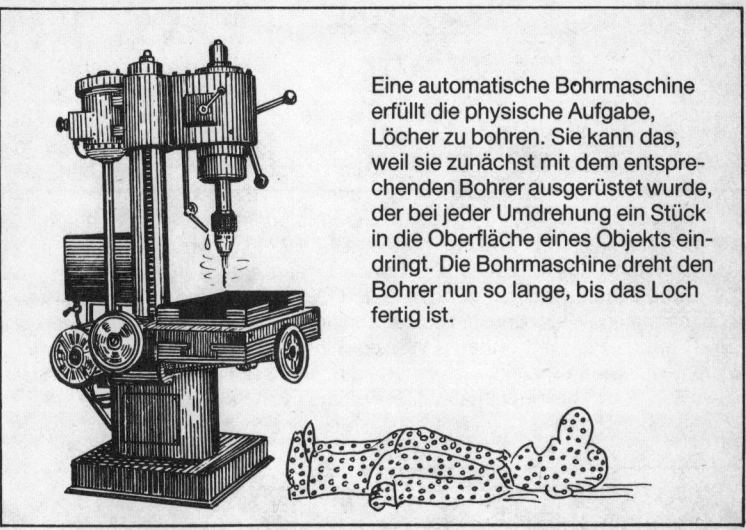

Eine automatische Bohrmaschine erfüllt die physische Aufgabe, Löcher zu bohren. Sie kann das, weil sie zunächst mit dem entsprechenden Bohrer ausgerüstet wurde, der bei jeder Umdrehung ein Stück in die Oberfläche eines Objekts eindringt. Die Bohrmaschine dreht den Bohrer nun so lange, bis das Loch fertig ist.

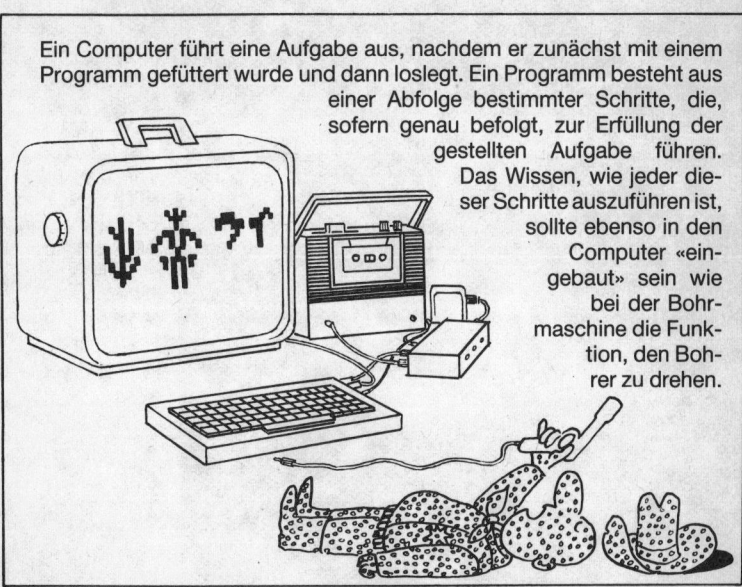

Ein Computer führt eine Aufgabe aus, nachdem er zunächst mit einem Programm gefüttert wurde und dann loslegt. Ein Programm besteht aus einer Abfolge bestimmter Schritte, die, sofern genau befolgt, zur Erfüllung der gestellten Aufgabe führen. Das Wissen, wie jeder dieser Schritte auszuführen ist, sollte ebenso in den Computer «eingebaut» sein wie bei der Bohrmaschine die Funktion, den Bohrer zu drehen.

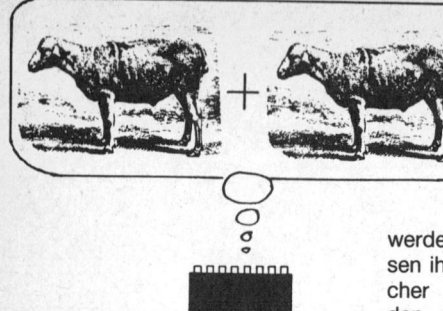

Computer werden von vornherein mit dem Wissen ausgestattet, wie gewisse grundlegende geistige Operationen (wie Addieren oder das Vergleichen von zwei Zahlen miteinander) durchgeführt werden. Komplexere Aufgaben müssen ihnen in Form einer Abfolge solcher Operationen eingegeben werden. Die Einfachheit der einzelnen Operationen wird jedoch durch die Geschwindigkeit wettgemacht, mit der sie ausgeführt werden können (nämlich ungefähr eine Million pro Sekunde). Kann eine Aufgabe also in eine bekannte Abfolge dieser grundlegenden Operationen aufgeschlüsselt werden, dann kann sie in ziemlich kurzer Zeit ausgeführt werden.

Ein Computer ist, mit anderen Worten, eine Maschine, die eine Folge von Befehlen ausführen kann. Das ist allerdings nicht nur beim Computer so – auch Menschen befolgen manchmal Abfolgen von Befehlen.

Wenn wir was Leckres kochen, kommen unsere Befehle als Rezept daher: «Man nehme drei Eier, schlage sie schaumig . . .» Der Fachbegriff für eine Folge solcher Schritte heißt «Algorithmus».

Ein Algorithmus ist eine Beschreibung, wie eine Aufgabe ausgeführt werden muß (zum Beispiel ein Kochrezept, ein Computerprogramm, eine Partitur, ein Schnittmuster . . .). Der, die oder das Ausführende der im Algorithmus festgelegten Schritte wird «Prozessor» genannt. Ein Computer ist demnach nichts anderes als eine besondere Art von Prozessor, genau wie der Koch, der nach einem Rezept kocht.

Pikantes Huhn

1. Man gebe die Brühe, fein gehackte Zwiebeln, gewürfelten Schinken, gehäutete Tomaten und die Gewürze in eine große Kasserolle.
2. Binden Sie Streifen von Zitronenschale und Muskat in ein Gazesäckchen ein und legen Sie dieses ebenfalls in den Topf.
3. Aufkochen lassen, das Huhn dazutun, die Kasserolle zudecken und 35 Minuten garen.
4. Geben Sie nun den Reis dazu und lassen Sie das Ganze weitere 30 bis 45 Minuten kochen, bis der Reis gar und die Brühe absorbiert ist. Entfernen Sie noch das Gazesäckchen und servieren Sie das pikante Huhn.

```
 670 GO TO 10
1410 CLS
1420 SAVE "METERS" LINE 1425
1425 CLS
1430 PRINT "  ##################
#########"
1440 FOR J=1 TO 18
1450 PRINT TAB 3;"#"
1460 PRINT TAB 28;"#"
1470 NEXT J
1480 PRINT "  ##################
#########"
1490 PRINT AT 3,0;"         TO EX
ERN THE RANGE"
1510 PRINT AT 4,0;"   OF A VOLTME
TER OR AN AMMETER"
1520 PRINT AT 9,11;"written by"
1530 PRINT AT 11,7;"J.T.BEAUMONT
- G3NGD"
1535 PRINT AT 15,5;"@1983 IPC Ma
gazines Ltd"
1537 PRINT AT 13,5;"for PRACTICA
L WIRELESS"
1540 PAUSE 1000
1550 CLS
1560 GO TO 10
1565 RUN 1430
```

Der Teil des Computers, der die Grund-Operationen durchführt, wird «central processing unit» (CPU) genannt und könnte auf deutsch als Verarbeitungseinheit bezeichnet werden. Die CPU entspricht dem «Lesekopf» in Turings Rechner und dem «arithmetischen Schaltelement» bei von Neumann.

Der zweite Hauptteil des Computers ist das, was Turing «tape» und von Neuman «sequentieller Speicher» nannte. In ihm, dem «memory» oder «Speicher», wird der Algorithmus, der die auszuführenden Operationen bestimmt, gespeichert.

Der Speicher merkt sich auch die Informationen («Daten» in Fachchinesisch oder Symbolen, wie wir sie in Kapitel 1 nannten), die verarbeitet werden sollen. Der dritte und vierte Hauptteil eines Computers sind die Eingabe-(input-)beziehungsweise die Ausgabe-(output)-Einheit, die dazu dienen, die Rohinformationen in den Computer rein- und die verarbeiteten Informationen wieder rauszubekommen.

Jeder Computer besteht also aus mindestens vier Hauptteilen:

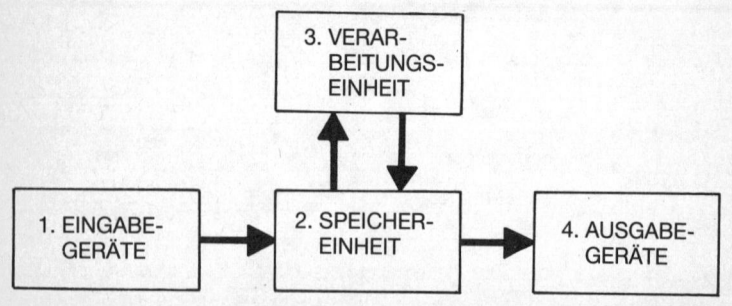

4. Im Innern eines Computers

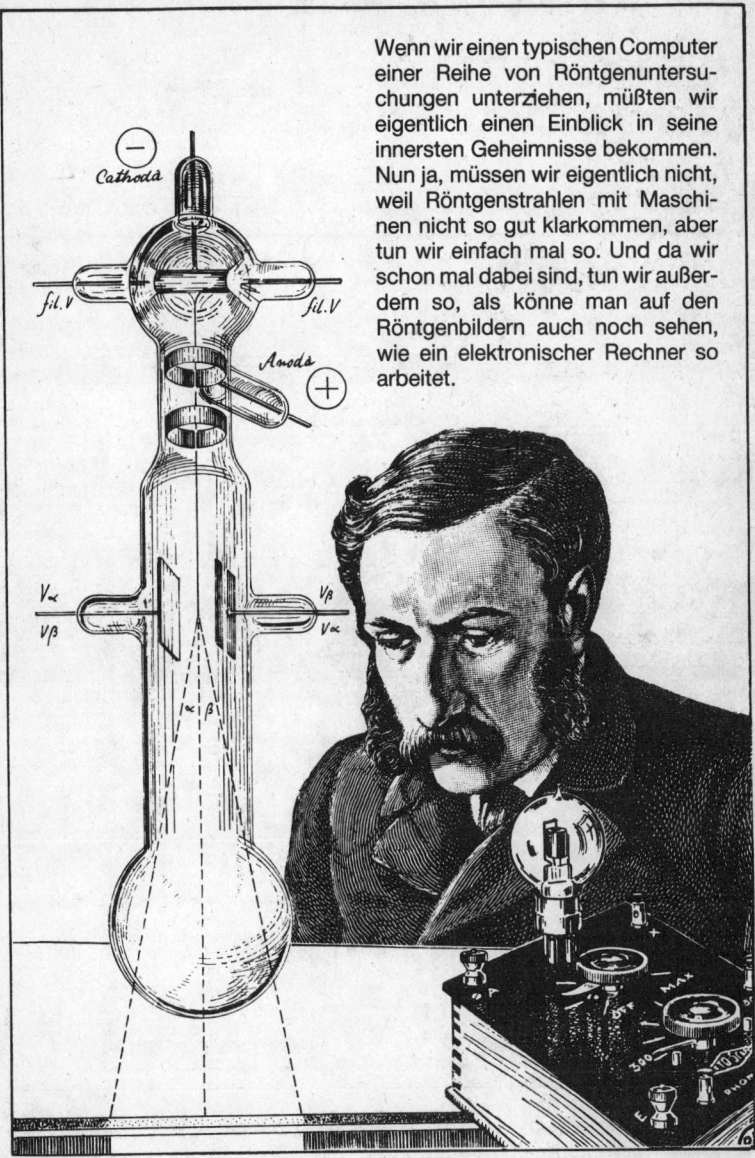

Wenn wir einen typischen Computer einer Reihe von Röntgenuntersuchungen unterziehen, müßten wir eigentlich einen Einblick in seine innersten Geheimnisse bekommen. Nun ja, müssen wir eigentlich nicht, weil Röntgenstrahlen mit Maschinen nicht so gut klarkommen, aber tun wir einfach mal so. Und da wir schon mal dabei sind, tun wir außerdem so, als könne man auf den Röntgenbildern auch noch sehen, wie ein elektronischer Rechner so arbeitet.

Machen wir zunächst mal eine ganz grobe Aufnahme.

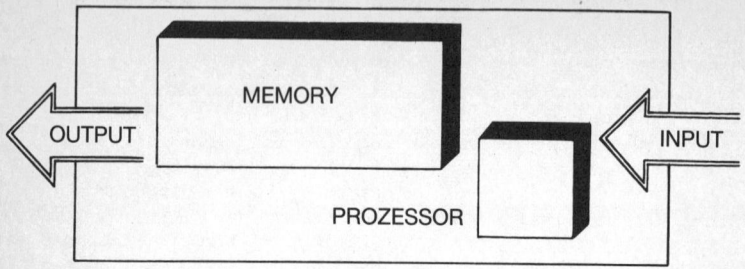

Der Prozessor ist eine Einheit, die aus dem Speicher (memory) Informationen abrufen und sie verarbeiten kann.
Die nächste Aufnahme zeigt mehr Details.

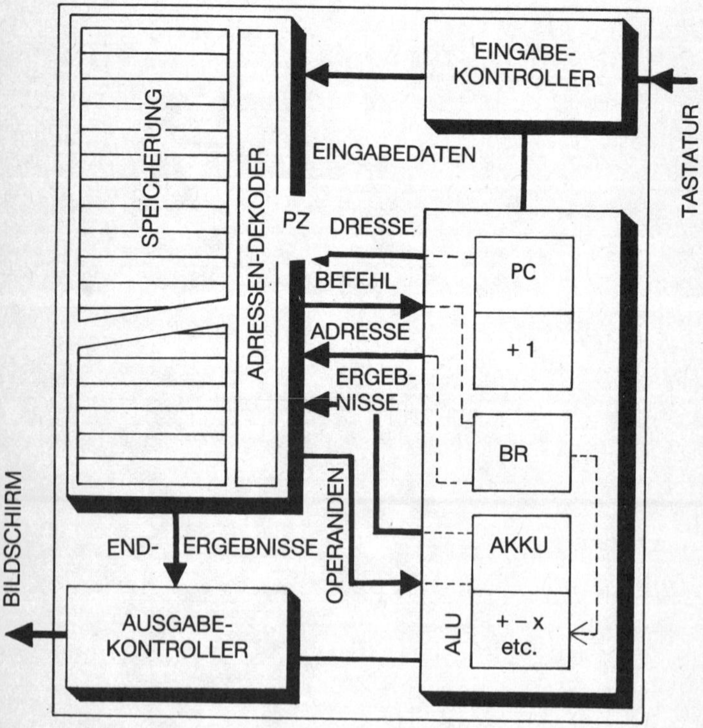

Das Gedächtnis besteht aus einer Reihe von Plätzen; an jedem Speicherplatz kann ein Stück Information aufbewahrt werden. Die Plätze liegen einer hinter dem anderen, so daß sie mit Hilfe von Nummern (wie die Nummern der Häuser in einer Straße) leicht gefunden werden können. Von Neumann nannte das sequentielle Speicherung. Der Prozessor besteht aus mehreren unterschiedlich aussehenden Bestandteilen.

PZ – Programmzähler (auch: Befehlszähler). Er speichert die Adresse der Gedächtniszelle, auf die der Prozessor (Lesekopf) gerade zeigt. Wenn der Computer angeschaltet wird, enthält der PZ Null, das heißt, er zeigt auf Speicherplatz Null.

BR – Befehlsregister. Speichert den Inhalt der Befehle, die der Computer gerade ausführt.

AKKU – Akkumulator. Das ist der innere Notizblock des Prozessors, wo die Zwischenergebnisse notiert werden können.

ALU – Arithmetic and Logic Unit (auch: Rechenwerk). Hier befinden sich die fest verdrahteten Funktionen wie Addition, Subtraktion etc.

Die Aufgabe des Prozessors ist recht einfach. Er führt, wenn er angeschaltet wird, folgende Schritte aus:

a) nachsehen, auf welchen Befehl der Programmzähler zeigt;

b) Befehl lesen und ins Befehlsregister kopieren;

c) Programmzähler weiterbewegen, so daß er auf den nächsten Befehl in der Reihe zeigt;

d) ausführen, was der gerade ins BR kopierte Befehl verlangt;

e) zurück zu Schritt a)

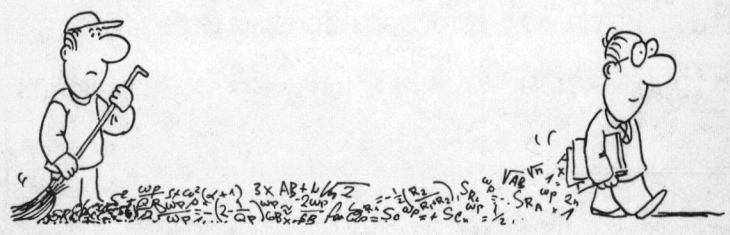

Jeder Computer verfügt über eine Reihe fester Befehle (gelegentlich auch Instruktion genannt), die sein Prozessor auszuführen weiß. Dieses Wissen ist in der ALU (Rechenwerk) fest verdrahtet. Ein üblicher Befehlssatz, mit dem die meisten Computer ausgestattet sind, sieht etwa so aus:

BEFEHLSLISTE		
Code	Kurzform	Bedeutung
0001	ADD L	Addiere den Inhalt von Speicherplatz L zum Akku
0010	SUB L	Subtrahiere den Inhalt von Platz L vom Akkumulator.
0011	MULT L	Multipliziere den Akkumulator mit dem Inhalt von Speicherplatz L
0100	DIVIDE L	Dividiere den Akkumulator durch den Inhalt von Platz L
0101	LOAD L	Lade den Akkumulator mit dem Inhalt von Platz L
0110	STORE L	Speichere den Akkumulator in Platz L
0111	READ L	Lies in Platz L ein
1000	PRINT L	Drucke den Inhalt von Platz L aus
1001	IF-NEG L	Ist der Inhalt des Akkumulators positiv oder Null, gehe zum nächsten Befehl; wenn negativ, ist der nächste auszuführende Befehl der von Platz L
1010	IF-ZERO L	Ist der Inhalt des Akkumulators Null, ist der nächste auszuführende Befehl der von Platz L
1011	GO-TO L	Hol den nächsten Befehl von Speicherplatz L
1100	STOP	Führe keine weiteren Befehle aus

Diese grundlegenden Befehle machen es möglich, Algorithmen zu bilden, die aus Befehlsfolgen, Wiederholung (Iteration) von Befehlsfolgen und Auswahl von Befehlsfolgen bestehen.

Um zu sehen, wie ein Computer funktioniert, wollen wir uns ein Problembeispiel herausgreifen und es vom Computer lösen lassen. Wir wollen wissen, wie ein Computer eine Telefonrechnung erstellt. Telefonrechnungen enthalten eine feste monatliche Grundgebühr (die wir f nennen) und eine Gebühr pro Gespräch (g), die mit der Anzahl der geführten Gespräche (a) multipliziert wird. Kennen wir nun den jeweiligen Wert von a, g und f, errechnen wir den Rechnungsbetrag (r) folgendermaßen:

$$r = a \times g + f$$

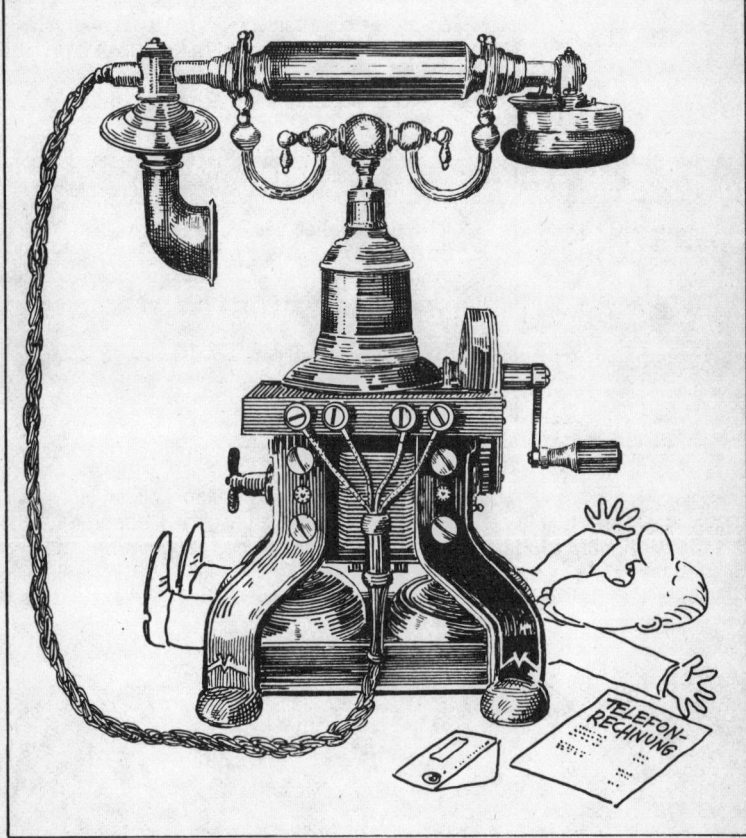

Für 45 Gespräche für jeweils 23 Pfennig plus 270 Pfennig Grundgebühr bezahlen wir also 1 305 Pfennig oder 13,05 DM. Ein Computerprogramm für diese Berechnung sähe nun so aus:

0: READ 12	Lies die Anzahl der geführten Gespräche in Platz 12 des Speichers ein
1: LOAD 12	Speichere den Inhalt von Platz 12 im Akkumulator
2: READ 13	Gib die Gebühr pro Gespräch in Platz 13 ein
3: MULT 13	Multipliziere den Inhalt von Platz 13 mit dem Akkumulator (und belasse das Ergebnis im Akku)
4: READ 14	Lies die Grundgebühr in Speicherplatz 14 ein
5: ADD 14	Addiere den Inhalt von Platz 14 zum Akkumulator
6: STORE 15	Speichere den Inhalt des Akkumulators in Platz 15
7: PRINT 15	Drucke den Inhalt von Platz 15 aus
8: STOP	Mach mal Pause, trink . . . (bloß keine Schleichwerbung!)

Wenn unser Programm mehrere Rechnungen erstellen soll, müssen wir anstelle von STOP in der letzten Reihe einen IF-Befehl geben, der prüfen läßt, ob alle Rechnungen fertig sind, und der, wenn nicht, das Programm wieder bei 0 startet.

Wenn wir das für uns passende Programm geschrieben haben, müssen wir den Speicher des Computers mit diesen Instruktionen laden. Das geschieht mit Hilfe eines «Laders» – eines Ladeprogramms, das fest im Speicher verankert ist und dessen Aufgabe es ist, den Speicher mit Programmen zu füllen, die vom Benutzer geschrieben wurden.
Allerdings können wir nicht unsere Kurzformversion der Befehle einspeichern, denn das Gedächtnis eines Computers wird nur mit Binärcodes fertig.

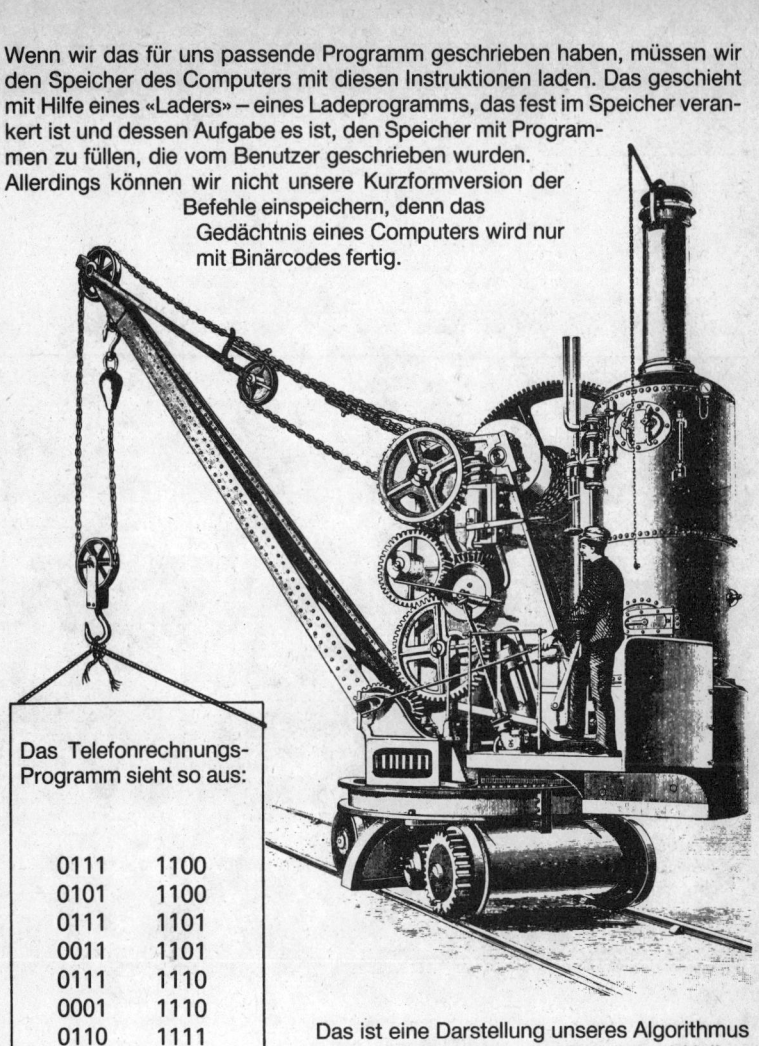

Das Telefonrechnungs-
Programm sieht so aus:

0111	1100
0101	1100
0111	1101
0011	1101
0111	1110
0001	1110
0110	1111
1000	1111
1100	0000

Das ist eine Darstellung unseres Algorithmus in Form einer Folge von Einsen und Nullen, die uns das richtige Ergebnis liefern, wenn sie entsprechend der oben aufgestellten Regeln interpretiert werden. Menschliche Gehirne gehen nicht gern mit so kalten Symbolen um; sie ziehen Darstellungen, die mehr unserer natürlichen Sprache ähneln, vor. Doch für Computer wären die ganz ungeeignet.

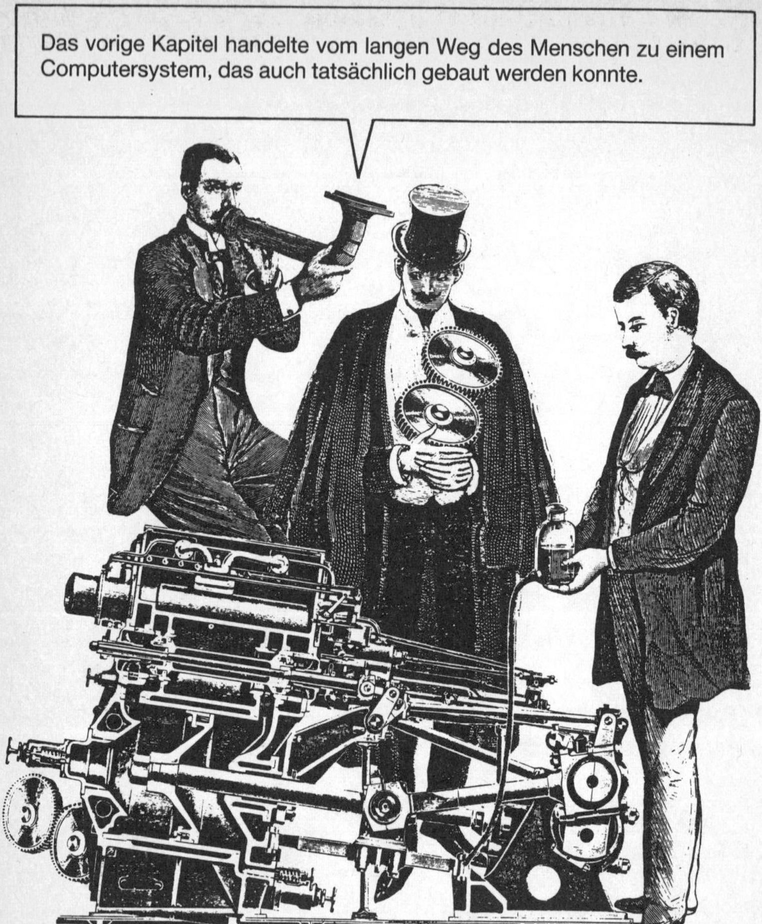

Das vorige Kapitel handelte vom langen Weg des Menschen zu einem Computersystem, das auch tatsächlich gebaut werden konnte.

Der große Durchbruch gelang mit dem Übergang von mechanischen zu elektronischen Bauteilen. Man wählte nun das binäre Zahlensystem (also ein System mit nur zwei Symbolen: 1 und 0), weil elektronische Teile ohne Probleme die Existenz (oder das Fehlen) von Elektrizität interpretieren können. Das mag jetzt noch etwas geheimnisvoll klingen, aber ihr werdet gleich sehen.

5. Das binäre System (eine kurze Abschweifung)

Außerdem wurde die Entscheidung für das Binärsystem durch die eindrucksvolle Arbeit von George Boole über eine Algebra für binäre Zahlen beeinflußt. Er wies nach, daß komplizierte Operationen (wie Addition, Subtraktion, Vergleich zweier Zahlen etc.) mit Hilfe von drei sogenannten «Toren» durchgeführt werden können. Ein wichtiges Kennzeichen dieser Tore ist, daß sie mit inputs in binärer Form arbeiten, um einen output in ebenfalls binärer Form zu produzieren. In dem System gibt es drei Tore, und zwar das UND-, das ODER- und das NICHT-Tor.

Das UND-Tor:

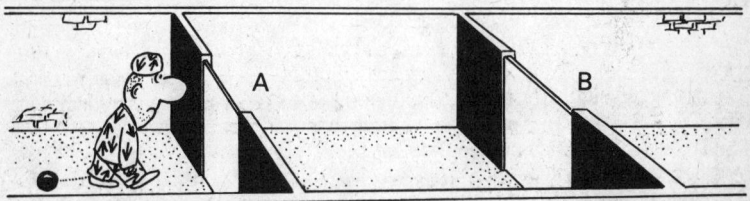

In der Zeichnung oben müssen sich sowohl A als auch B öffnen, bevor man durchgehen kann. Man könnte das auch anders illustrieren:

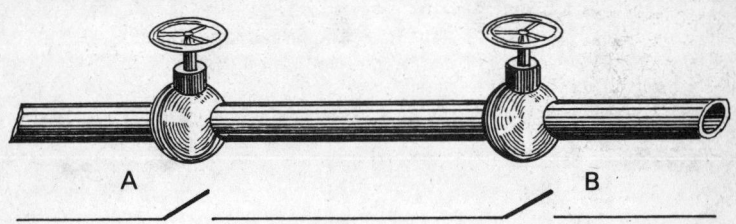

Beide Hähne müßten aufgedreht werden, wenn das Wasser durchfließen soll, oder beide Schalter müßten umgelegt werden, damit der Strom fließt.

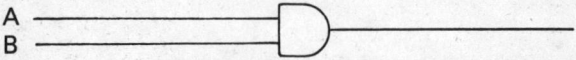

Diese Beispiele sind dasselbe wie ein UND-Tor; geben wir bei A und B ein Signal ein, kommt am Ende was raus – ein output.

Wenn wir eine «Wahrheitstafel»*
für das UND-Tor aufstellen, können
wir darauf ablesen, welchen output
wir bei den vier Eingabe-(input-)-
Möglichkeiten haben.

A	B	A	und	B
0	0			0
0	1			0
1	0			0
1	1			1

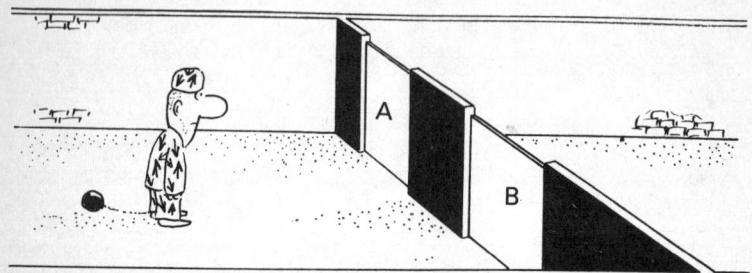

Das ODER-Tor ist oben dargestellt. Wenn auch nur eins der beiden Tore geöff-
net ist, kommt man raus. Ebenso ist es bei den beiden Wasserhähnen unten
oder den beiden Schaltern: Wasser fließt, auch wenn nur ein Hahn auf ist,
beziehungsweise Strom fließt, auch wenn nur ein Schalter geschlossen ist.
Beim ODER-Tor gibt es also einen output, wenn ein Signal entweder bei A oder
bei B (oder bei beiden) eingegeben wird.

* Die Darstellung in Form von «Wahrheitstafeln» geht auf G. Frege, C. S. Peirce und
  L. Wittgenstein und ihre formale Logik zurück.

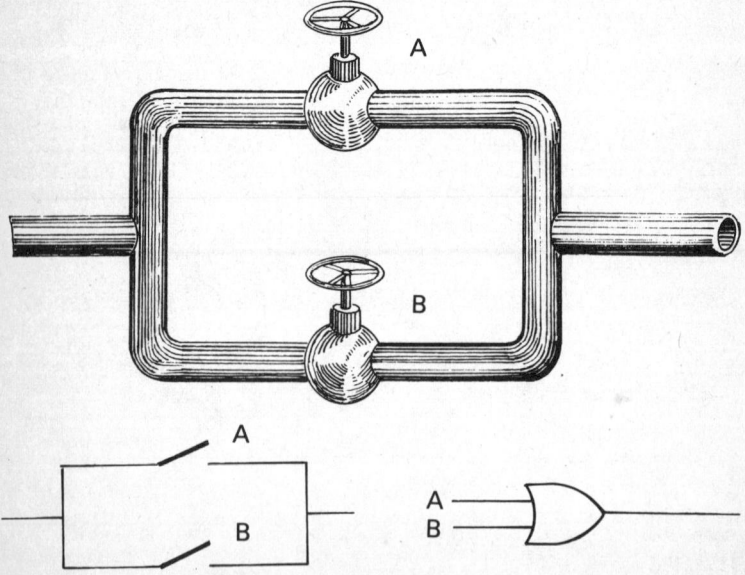

Die Wahrheitstafel für das ODER-Tor sieht so aus:

A	B	A oder B
0	0	0
0	1	1
1	0	1
1	1	1

Das NICHT-Tor:

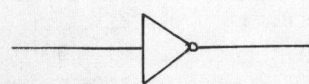

Hier sind Beispiele nicht so leicht zu finden. Beim NICHT-Tor produziert ein input nämlich keinen output; kein input aber produziert einen output. Schwer zu kapieren, was?

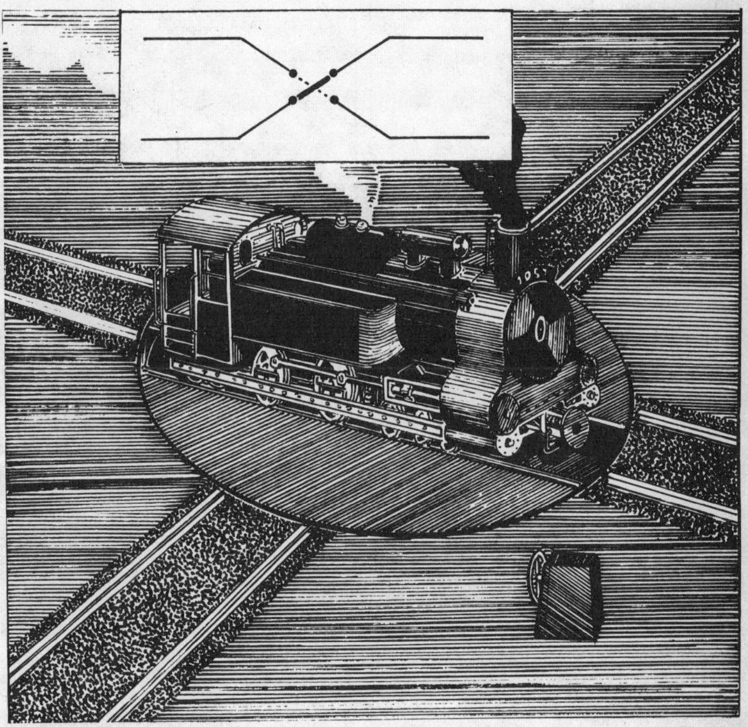

Also, das ist etwa wie bei einer Eisenbahn-Drehscheibe: geschlossen, wenn offen, und offen, wenn geschlossen.
Die Wahrheitstafel für das NICHT-Tor:

A	nicht A
0	1
1	0

57

Solange jemand diese Teile (UND-, ODER- und NICHT-Tore) herstellt, können wir unseren Computer bauen, der sie benutzt (So? Also ich könnte trotzdem keinen Computer bauen. Der Übersetzer.) Theoretisch könnten die Tore aus allem möglichen gemacht werden. Und verschiedene Teile sind auch schon benutzt worden: zuerst waren's Röhren, aber heutzutage sind's in der Regel Transistoren.

schematische
Darstellung
eines Transistors

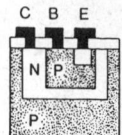

Tabelle vierstelliger
Zweierkomplement-Zahlen

binäres Zweierkomplement	Dezimal-Äquivalent
1000	−8
1001	−7
1010	−6
1011	−5
1100	−4
1101	−3
1110	−2
1111	−1
0000	0
0001	1
0010	2
0011	3
0100	4
0101	5
0110	6
0111	7

Symbol für einen
Transistor

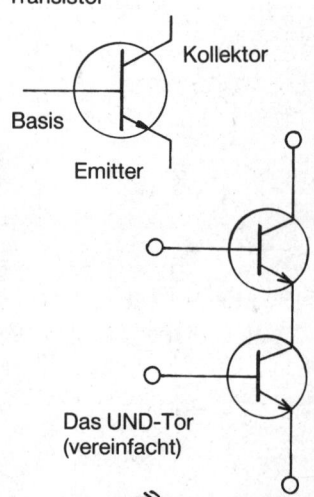

Das UND-Tor
(vereinfacht)

6. Wie Computer binär rechnen

Is ja richtig, Compi, Röntgenstrahlen sind ungesund, aber wir müssen noch schnell 'ne Aufnahme von dir machen, auf der man sieht, daß sich die großen Kästen auf den ersten Bildern tatsächlich aus sehr vielen kleineren Kästen zusammensetzen. Schauen wir uns also ein paar dieser Bauelemente mal genauer an.

Zum Beispiel den Baustein in der Arithmetischen Einheit, im Rechenwerk, der zwei Operanden (also die Inhalte zweier Speicherplätze) addiert: Er zerfällt auf dem Detailbild in kleinere Einheiten, von denen jede nur je zwei Ziffern addieren kann.

Im Dezimalsystem hätten wir
(carry = Übertrag)
0 + 0 = 0, carry 0
0 + 1 = 1, carry 0
0 + 2 = 2, carry 0
0 + 3 = 3, carry 0
4 + 5 = 9, carry 0
4 + 6 = 0, carry 1
4 + 7 = 1, carry 1
4 + 8 = 2, carry 1
9 + 9 = 8, carry 1

Die Rechenoperation ist einfacher im binären System
0 + 0 = 0, carry 0
0 + 1 = 1, carry 0
1 + 0 = 1, carry 0
1 + 1 = 0, carry 1

Da fällt einem natürlich gleich auf, daß es nur dann einen Übertrag gibt, wenn beide Zahlen 1 sind. Das entspricht genau der Funktion des UND-Tors. Und die Binärsumme ist 1, wenn die eine Zahl 1 und die andere 0 ist. Die Summe erhält man durch (erste Zahl UND NICHT zweite Zahl) ODER (zweite Zahl UND NICHT erste Zahl). Das ist auf dem folgenden Diagramm dargestellt.

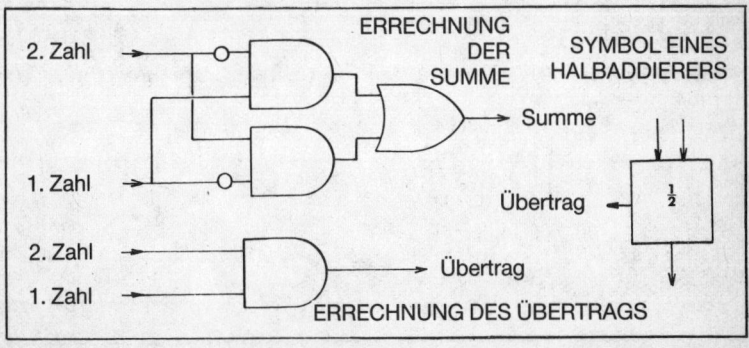

2. Zahl

ERRECHNUNG DER SUMME

SYMBOL EINES HALBADDIERERS

Summe

1. Zahl

Übertrag

2. Zahl

1. Zahl

Übertrag

ERRECHNUNG DES ÜBERTRAGS

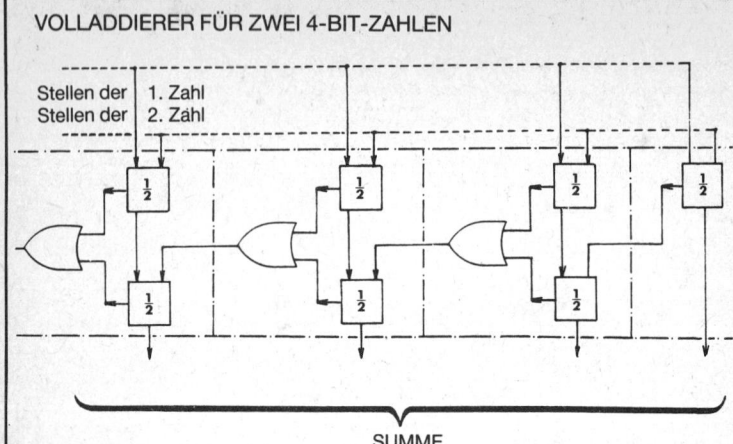

VOLLADDIERER FÜR ZWEI 4-BIT-ZAHLEN

Stellen der | 1. Zahl
Stellen der | 2. Zahl

SUMME

Das Problem mit dem auf der vorigen Seite betrachteten Bauelement liegt darin, daß es nur für die erste Stelle jeder Zahl brauchbar ist. Es ist ein Ein-Stellen-Addierer. Computer haben jedoch n-stellige Zahlen in jedem Speicherplatz. Das Bauelement, das wir konstruiert haben, ist ein Halbaddierer. Zwei solcher Teile zusammen können addieren und außerdem den Übertrag von der vorigen Kolonne registrieren. In der arithmetischen Einheit gibt es so viele Addierer, wie es der Größe eines Speicherplatzes entspricht. So ist es möglich, die Inhalte von Speicherplätzen zu addieren.

Für jede Rechenoperation, die ein Computer ausführen kann, hat er ein solches aus Toren bestehendes Bauelement. Ein Befehl eines Programmes legt fest, welches Tor benutzt werden soll. In unserem Beispiel mit der Telefonrechnung führt also «0001» nicht selbst die Addition durch, sondern signalisiert nur dem Rechenwerk, das entsprechende Teil zu benutzen. Der zweite Teil eines Befehls besteht nicht aus dem Operanden selbst, sondern aus einer Adresse im Speicher, wo der Operand aufbewahrt wird und die den Addierer mit dem eigentlichen Operanden versorgen kann.

Es ist wirklich verblüffend, daß sich alle Bauelemente eines Computers aus einer Kombination der drei UND-, ODER- und NICHT-Tore zusammensetzen. Im Gedächtnis des Computers, im Speicher, gibt es sehr viele dieser Tore. Der Speicher ist der Teil, der Kombinationen von Einsen und Nullen für eine bestimmte Zeit aufbewahren muß.

Der Speicher besteht aus einer Reihe von Zellen.

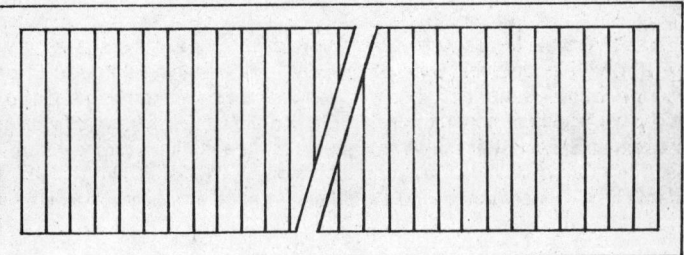

Jede Zelle besteht wiederum aus kleineren Einheiten, die alle nur eine 1 oder eine 0 aufnehmen können.

0	1	1	1	1	1	0	0
0	1	0	1	1	1	0	0
0	1	1	1	1	1	0	1

Diese sehr kleinen Einheiten des Speichers heißen Flipflops. Ein Flipflop kann also nur entweder eine 1 oder eine 0 speichern. Es ist aus zwei UND-Toren, zwei ODER-Toren und drei NICHT-Toren gebaut.

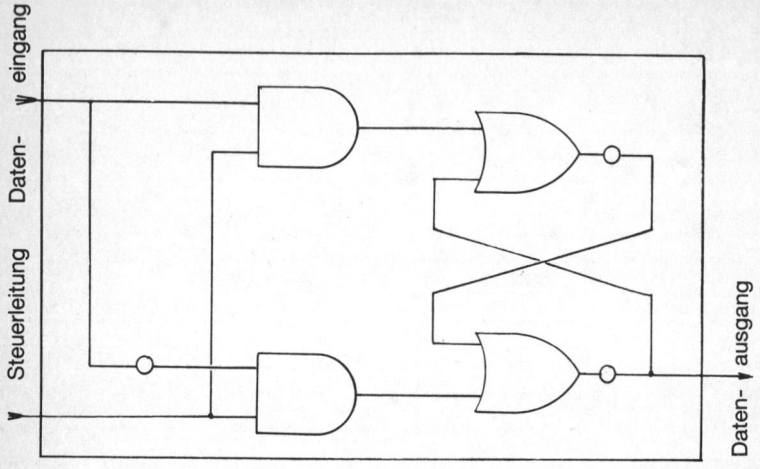

Wir können uns ein Flipflop als Kasten vorstellen. Der Dateneingang ist wie eine Röhre, durch die der Kasten gefüllt wird. Die Steuerung sorgt dafür, daß nur zum richtigen Zeitpunkt etwas in den Kasten hineinkommt. Außerdem zeigt der Kasten seinen Inhalt nur dann, wenn die Steuerleitung aktiv ist. Zu allen anderen Zeiten ist am Datenausgang absolute Funkstille. Eine 1 kann in dieser Vorrichtung durch +5 Volt und eine 0 durch 0 (oder −5) Volt angezeigt werden. Die Dateneingänge und Datenausgänge aller Speicherstellen sind miteinander verbunden.

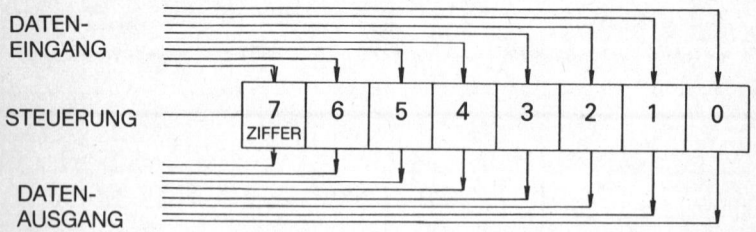

Alle Flipflops einer jeden Reihe hängen an derselben Steuerleitung. Nur die Reihe von Flipflops, deren Steuerleitung 1 ist, empfängt oder sendet Informationen.

Das zweite wichtige Bauelement des Speichers ist ein «Adressen-Dekoder», der die Aufgabe hat, die vom Prozessor gelieferte Adresse aufzunehmen und eine 1 in die Steuerungsleitung des betreffenden Speicherplatzes zu geben. Die Adresse besteht auch aus binären Zahlen. Deshalb besteht auch der Dekoder aus Toren. Der Dekodierer für Platz Nummer 1 im Speicher muß sicherstellen, daß die erste Ziffer der Adresse 1 ist, UND NICHT der Rest.

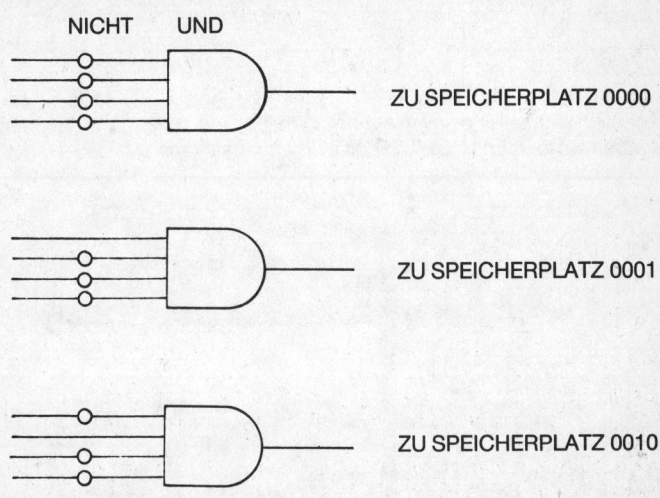

7. Wie das alles zusammenpaßt

Nehmen wir noch mal unser Telefonrechnungs-Beispiel. Nehmen wir an, das Programm sei in seiner Rechnercode-Version in den Computer eingegeben worden und daß die Post also abgehen kann.

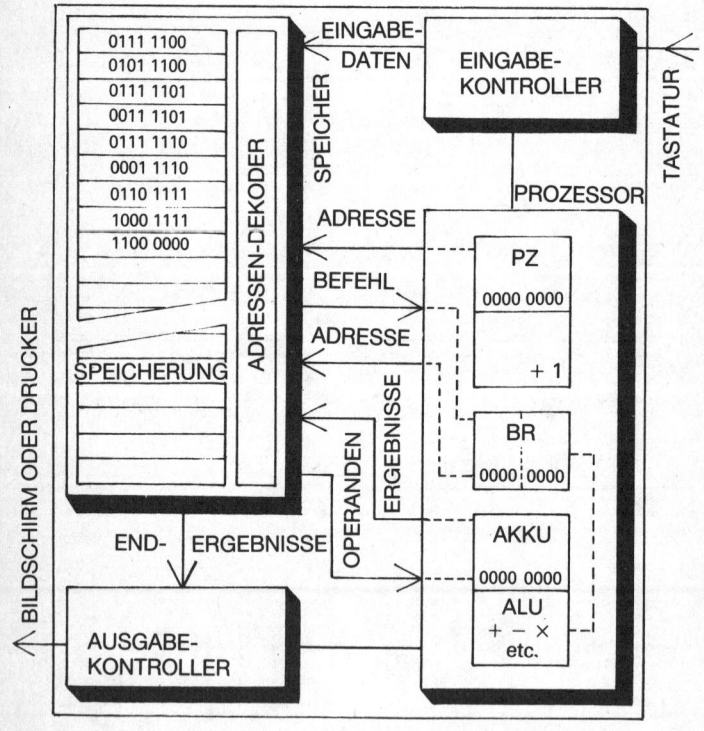

Zuerst befördert der Prozessor den Inhalt des Programmzählers (in diesem Fall Null) zum Adressen-Dekoder des Speichers.
Daraufhin wird der Inhalt der Speicherstelle Null (01111100) in das Befehlsregister übertragen.

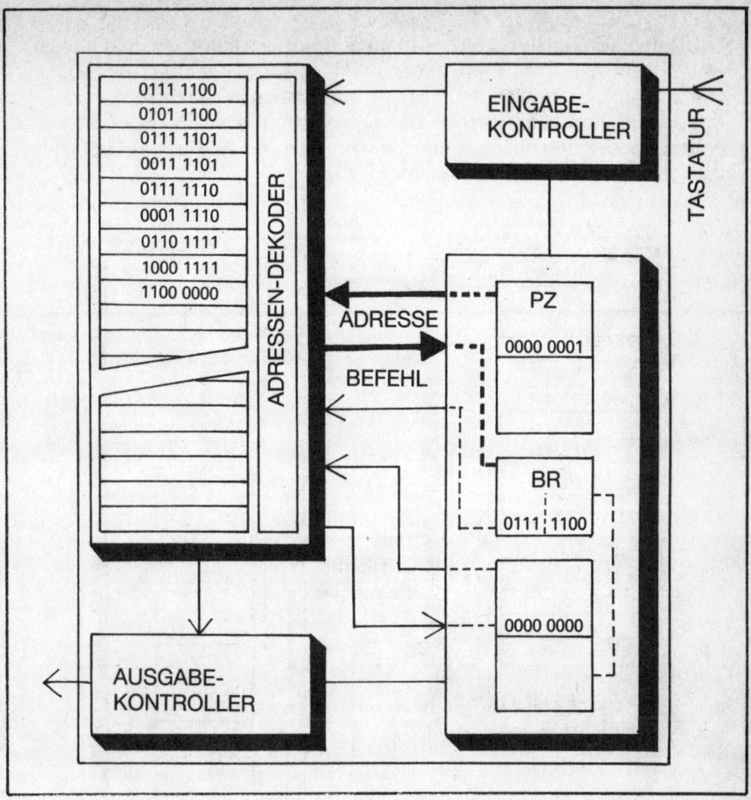

65

Der Befehl wird in zwei Teile gespalten. Die linke Hälfte wird in die ALU weitergeschickt. 0111 bedeutet READ, also sendet die ALU ein Signal zum Eingabe-Kontroller, daß der eine Information in den Speicher übertragen soll. Die rechte Hälfte des BR teilt dem Adressen-Dekoder mit, wo er den Neueingang abliefern soll. So wird in der ersten Runde 00000011 im Speicherplatz 1100 untergebracht.

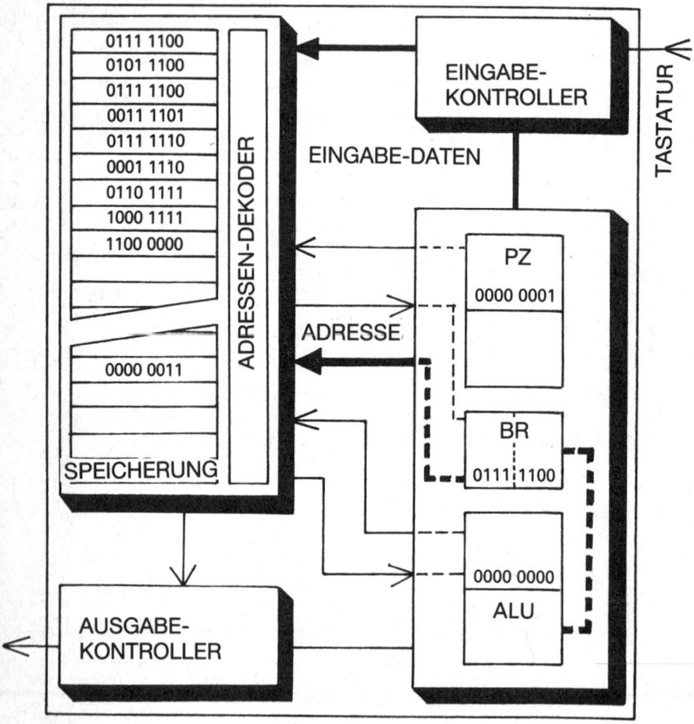

0111 1100
0101 1100
0111 1100
0011 1101
0111 1110
0001 1110
0110 1111
1000 1111
1100 0000

0000 0011

ADRESSEN-DEKODER

SPEICHERUNG

EINGABE-KONTROLLER

EINGABE-DATEN

TASTATUR

ADRESSE

PZ
0000 0001

BR
0111 1100

0000 0000
ALU

AUSGABE-KONTROLLER

66

Dann geht's wieder von vorne los. Diesmal zeigt der PZ auf Platz 0001. Da diese Adresse einen Speicherinhalt aufweist, wird er ins BR übertragen.

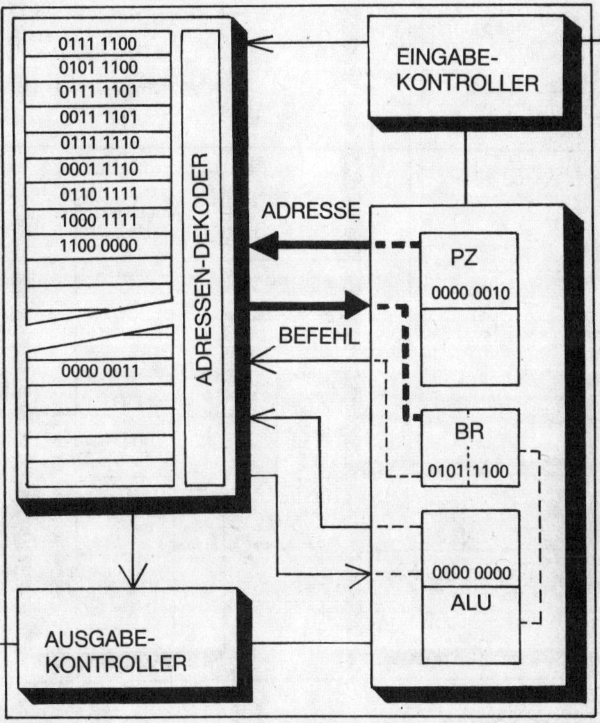

0111 1100	
0101 1100	**EINGABE-KONTROLLER**
0111 1101	
0011 1101	
0111 1110	
0001 1110	
0110 1111	
1000 1111	
1100 0000	

ADRESSEN-DEKODER

TASTATUR

ADRESSE

PZ

0000 0010

BEFEHL

BR

0101 1100

0000 0000

ALU

AUSGABE-KONTROLLER

0000 0011

67

Die linke Hälfte des BR bedeutet LOAD, und da die rechte Hälfte auf Platz 1100 zeigt, wird 00000011 in den AKKU übertragen.

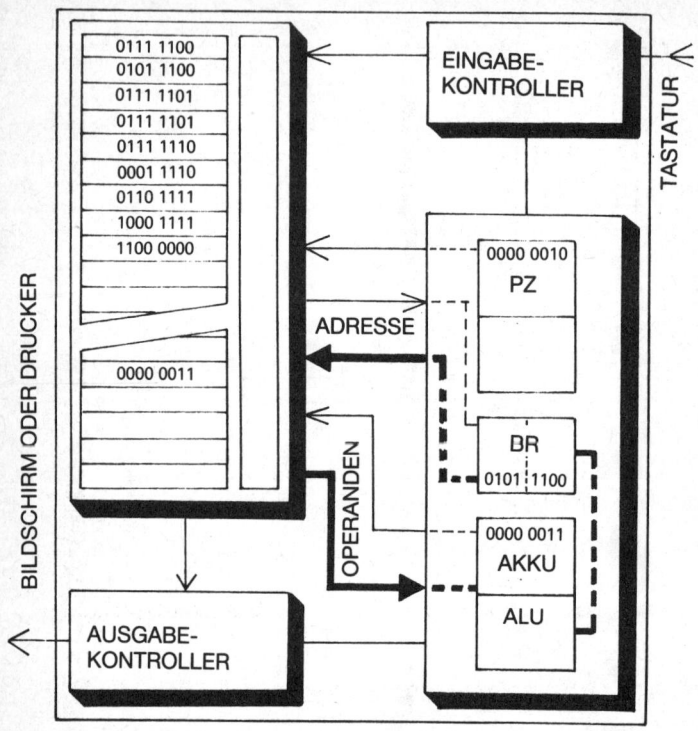

Wie schon gesagt, ist die Rolle des Prozessors ziemlich einfach. Er führt die folgenden Schritte aus, bis er den STOP-Befehl sieht. (Immer vorausgesetzt natürlich, er ist eingeschaltet.)

Erster Schritt: Lies den Befehl, auf den der Programmzähler (PZ) zeigt, und übertrage ihn in das Befehlsregister (BR).

Zweiter Schritt: Bewege den PZ zum nächsten Befehl in der Sequenz.

Dritter Schritt: Führe den Befehl im BR aus.

Vierter Schritt: Gehe zurück zum ersten Schritt.

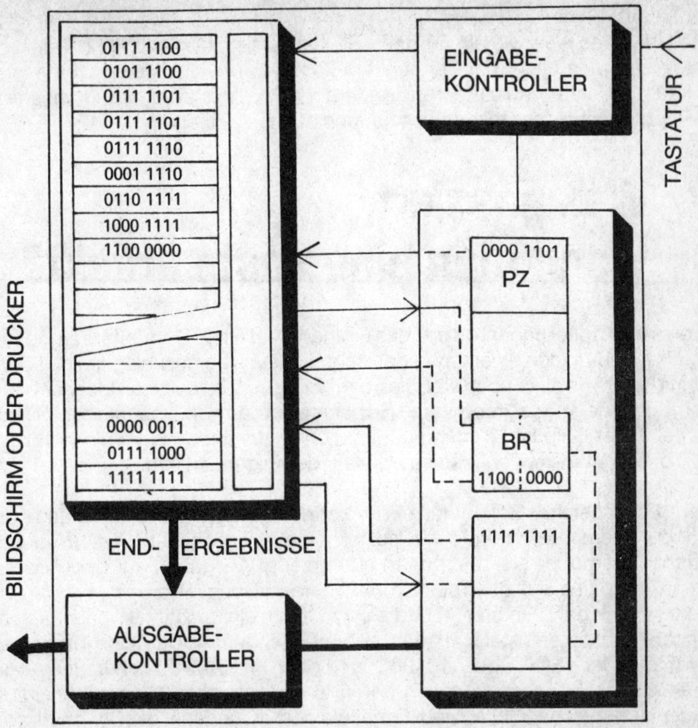

```
0111 1100
0101 1100
0111 1101
0111 1101
0111 1110
0001 1110
0110 1111
1000 1111
1100 0000



0000 0011
0111 1000
1111 1111
```

EINGABE-KONTROLLER

TASTATUR

BILDSCHIRM ODER DRUCKER

0000 1101
PZ

BR
1100 : 0000

1111 1111

END- ERGEBNISSE

AUSGABE-KONTROLLER

Wenn wir das nun so weitertreiben – nicht vergessen: es geht immer noch um die Telefonrechnung –, kommen wir irgendwann zu 1100, dem Code für STOP. Der Rechner hat dann 1111111 (oder auf dezimalisch: 255) über den Ausgabe-Kontroller ausgespuckt. Und das heißt: Fertig ist die Rechnung (im doppelten Sinne)!

Das Herz von all dem ist eine «Uhr» – ein Taktgeber. Er sendet in regelmäßigem Abstand fünf Signale aus, die Phasen genannt werden. Erst gibt er PHASE 1 = 1, dann PHASE 2 = 1 und so weiter bis PHASE 5 = 1; dann wieder PHASE 1 = 1 etc. Der Abstand zwischen den einzelnen Phasen beträgt bei vielen Computern 40 Nanosekunden (= 40 x 10^{-9} Sekunden). Ein ganzer Zyklus von 5 Phasen dauert also 200 Nanosekunden.

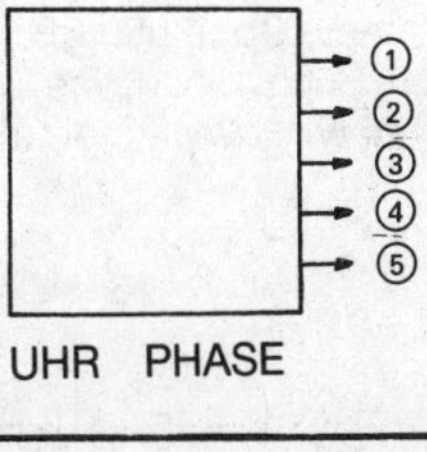

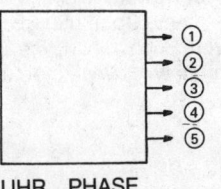

UHR   PHASE

Die Uhr ist so was wie ein Dirigent. Sie signalisiert den einzelnen Teilen des Computers, daß jetzt der Zeitpunkt gekommen sei, die Anweisungen in der Partitur vor ihnen auszuführen. Anders als Musiker in einem Orchester ist Computerteilen das Gesamtwerk jedoch schnurzpiepegal.

8. Was passiert, wenn man eine Taste drückt?

In diesem Kapitel haben wir uns das Grundgerüst eines Computers zu Gemüte geführt, und manch einem mag das schon aufs selbe geschlagen sein. Dabei ist in der Praxis alles noch viel, viel komplizierter. Die meisten Rechner bestehen heutzutage aus integrierten Schaltkreisen auf den berühmten Siliconchips. Jeder Chip ist für mehrere Funktionen zuständig. Ein typischer Heim-Mikrocomputer sieht eher so aus wie auf der folgenden Grafik.

Der ROM-Speicher (3a) enthält ein kodiertes Programm, das sofort das Kommando übernimmt, wenn man seinen Compi anschaltet. Dies Programm nimmt Daten über die Tastatur an und erzeugt Ausgaben auf dem Monitor. Wenn man also auf der Tastatur die Taste mit dem P drückt, aktiviert der Tastendruck den Schalter (1) und schickt einen elektrischen Impuls, der vom Eingabe-Dekodierchip (2) in den entsprechenden ASCII-Code umgeformt wird, aus. Der ASCII-Code (101000) wird dann im RAM-Speicher (3c) gespeichert. In der Zwischenzeit tastet der Videoausgabechip (5) unaufhörlich den Bildschirmspeicher (3c) ab und nimmt die dort gefundenen ASCII-Codes (bisher 101000) auf und produziert auf dem Monitor ihnen ähnliche Umrisse (P), wobei er sich des Zeichengenerators (3b) bedient.

Während man weitere Tasten drückt – R, I, N, T, «, H, A, L, L, O, »–, erscheint jeder Buchstabe auf dem Monitor, und eine Kopie der ASCII-Code-Darstellung wird im Speicher gespeichert. Wenn man schließlich die Taste mit der Aufschrift «RETURN» drückt, geht die Äktschn los.
Das Echo von «RETURN» wird zum Monitor als «carriage return» gesandt, genauso wie der Wagenrücklauf bei einer Schreibmaschine eine neue Zeile beginnt. Da jetzt eine Zeile mit Code fertig ist, wird sie an das Interpretierprogramm im Speicher des Computers weitergegeben. Die meisten Heimcomputer sind mit einem Interpreter – so heißt das auch – für die Computersprache BASIC ausgerüstet; der zeigt einem die Folge von Buchstaben, die man getippt hat, als Wort auf dem Monitor: HALLO. Hätten wir 6x7 getippt, wäre das Ergebnis 42 erschienen.

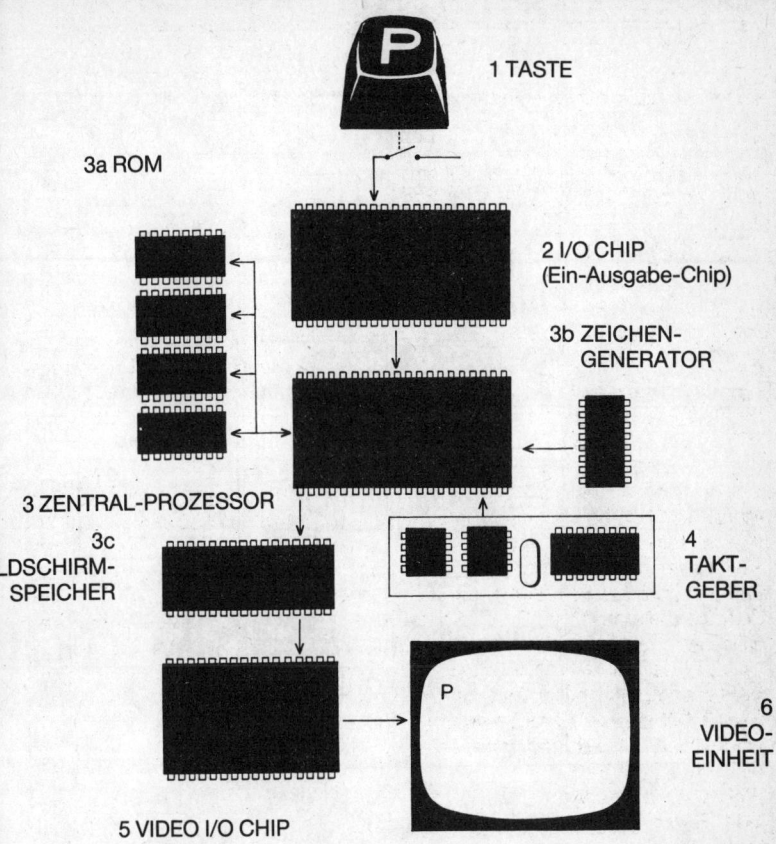

1 TASTE

3a ROM

2 I/O CHIP
(Ein-Ausgabe-Chip)

3b ZEICHEN-
GENERATOR

3 ZENTRAL-PROZESSOR

3c
ILDSCHIRM-
SPEICHER

4
TAKT-
GEBER

6
VIDEO-
EINHEIT

5 VIDEO I/O CHIP

Alle diese Vorgänge finden innerhalb weniger millionstel Sekunden statt. Das erweckt den Eindruck, als geschehe alles im selben Moment. In Wahrheit laufen jedoch nacheinander viele kleine Schritte im Rhythmus der inneren Uhr des Computers (des Taktgebers [4]) ab. Die Geschwindigkeit, mit der diese Uhr «tickt», gibt das Tempo an, mit dem das gesamte System arbeitet. Die Maßeinheit, in der die Rechnergeschwindigkeit gemessen wird, heißt MIPS: Million Instructions Per Unit.

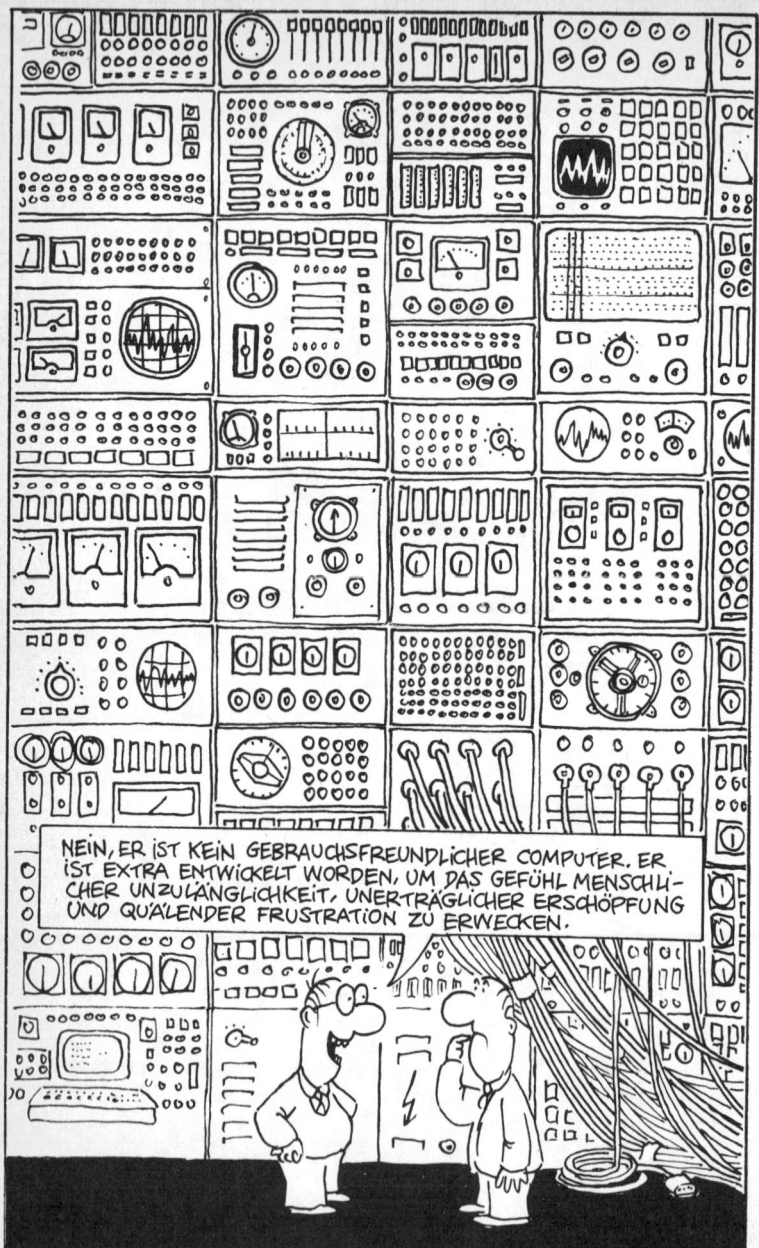

72

Computersysteme

1. Computersprachen
2. Das Who's who der Computerwelt
3. Software
4. Speicher
5. Hardware
6. Computer der vierten Generation
7. Ein paar Vergleiche

1. Computersprachen

Am liebsten würden wir mit unserem Compi natürlich deutsch quatschen (oder englisch oder was immer unsere Muttersprache sein mag).

Andererseits ist die Maschine hervorragend dazu geeignet, von Menschen Befehle in Einsen und Nullen anzunehmen (da sie selbst in ihrem Innern damit arbeitet), und sie weiß, was sie mit diesen Zahlenmustern anzufangen hat. In der Pionierzeit des Computerns mußten Befehle in «Maschinencode» eingegeben werden (so heißen die Reihen von Einsen und Nullen im Fachjargon).

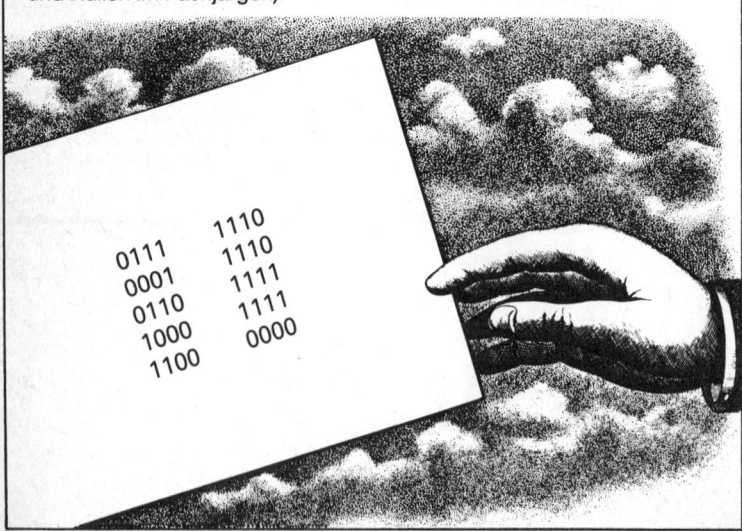

Aber dann dachten sich einige Leute, die mit diesem freudlosen Code hantieren mußten: «Wenn Computer das Leben für andere Leute leichter machen sollen, warum kann man dann nicht auch den Programmierern das Leben erleichtern?»

Und so begannen sie, Programme zu entwickeln, die übersetzen konnten, und zwar Kurzform-Englisch in Maschinencode. Diese neuen Sprachen waren Assemblersprachen, bei denen jede Zeile zwar immer noch

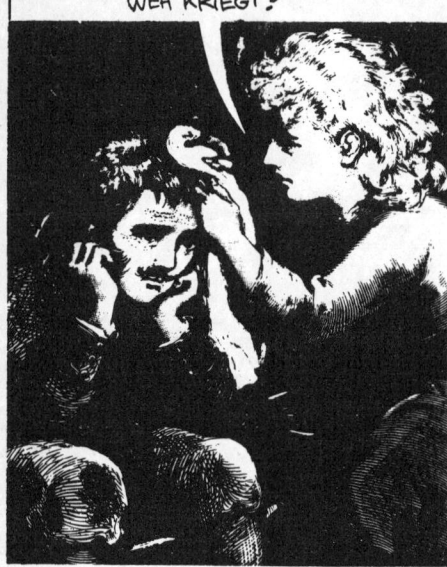

so abgefaßt war, daß der Computer sie verstand, aber die jetzt immerhin auch für Menschen einen Sinn ergaben. So hieß es statt 00010101 für «addiere den Inhalt von Platz 5 mit dem Akkumulator» nun zum Beispiel «ADD 5». Der Übersetzer erkennt zuerst das A, dann D und wieder D und übersetzt das ins binäre 0001; schließlich überträgt er die dezimale 5 in 0101. Jetzt wird 00010101 irgendwo gespeichert, um später ausgeführt zu werden. Ein Programm in so einer Sprache muß also zunächst eine Übersetzungsphase durchlaufen, bevor es ausgeführt werden kann.

Der Übergang vom Maschinencode zur Assemblersprache war ein ziemlich bedeutender Fortschritt. Um Buchstaben als Kurzschrift für eine Maschinencode-Aussage gebrauchen zu können, müssen wir allerdings in der Lage sein, sie zu kodieren. Wenn wir heute einen Computer benutzen, arbeiten wir aber nicht nur mit einzelnen Buchstaben, sondern sogar mit ganzen Wörtern, so daß wir den Eindruck haben, unser Compi spreche eine Sprache, die unserer – oder doch zumindest dem Englischen – ähnelt. In Wirklichkeit ist das allerdings nur eine gewissermaßen kosmetische Übung: Buchstabenschminke auf dem nackten Antlitz binärer Zahlen.

Wenn wir ADD in unseren Computer eintippen, drücken wir auf drei Tasten. Die erste übermittelt den binären Code 10000001, die zweite 1000100 und die dritte (die ja mit der zweiten identisch ist) ebenfalls 1000100. Jedes Zeichen (sogar jede Leerstelle) ist mit einer einzigartigen Ziffernfolge gekoppelt. Der verbreitetste Code ist der amerikanische Standardcode mit der Bezeichnung ASCII (American Standard Code for Information Interchange).

Die folgende Tabelle zeigt euch einige der Darstellungen von Buchstaben und Zeichen im ASCII.

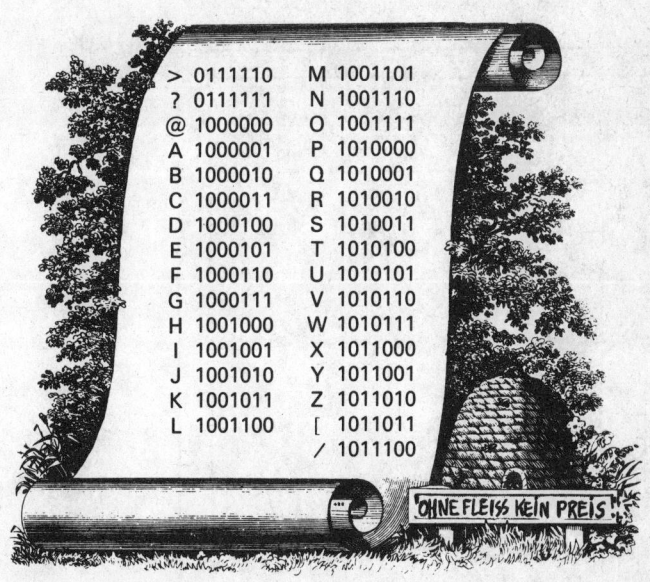

>	0111110	M	1001101
?	0111111	N	1001110
@	1000000	O	1001111
A	1000001	P	1010000
B	1000010	Q	1010001
C	1000011	R	1010010
D	1000100	S	1010011
E	1000101	T	1010100
F	1000110	U	1010101
G	1000111	V	1010110
H	1001000	W	1010111
I	1001001	X	1011000
J	1001010	Y	1011001
K	1001011	Z	1011010
L	1001100	[	1011011
		/	1011100

OHNE FLEISS KEIN PREIS!

Wenn wir eine Taste auf der Eingabetastatur des Computers drücken (zum Beispiel die mit dem A drauf), übermittelt die Tastatur das binäre Muster, das mit «A» im ASCII-Code verknüpft ist (in diesem Fall 10000001). Die Interpretation, was das nun bedeutet, hängt von der Sprache ab, die der Computer zu verstehen programmiert ist. Ein Assembler (das ist ein Programm, das Assemblersprachen in Maschinencode übersetzt) nimmt eine Serie von Mustern, die von der Tastatur produziert werden – zum Beispiel:

$$10000001, 1000100, 1000100$$

(was ADD bedeutet) – und verwandelt sie in den internen Maschinencode (hier: 0001) für die gewünschte Operation.

Das ganze Programm für Telefonrechnungen kann also in einer Kurzsprache geschrieben werden, die für uns wie eine Kette von Zeichen aussieht und die vom Assembler gelesen wird. Es ist wirklich eine ungeheure Erleichterung, anstelle der Einsen und Nullen Zeichen benutzen zu können, an die wir gewöhnt sind, und die Übersetzung der Maschine zu überlassen. Allerdings: so ganz zufrieden waren die Leute immer noch nicht.
Anstatt zu schreiben:

READ 12 LOAD 12

READ 13

MULT 13

READ 14

ADD 14

STORE 15

PRINT 15

wollten sie lieber schreiben:

READ N, C, F,

B=NXC+F

PRINT B

Es gibt einige Sequenzen der Assemblersprache, die zusammengefaßt werden können, um zu einer kompakteren Kurzsprache zu kommen. Man muß dann allerdings ein Übersetzungsprogramm schreiben, das diese neuen Kurzbegriffe lesen kann.

Und so erblickten FORTRAN, COBOL und viele andere Computersprachen das Licht der Technikwelt. Man nennt sie höhere Programmiersprachen.

Bei einer Sprache auf niedrigem Level scheint der Maschinencode des Computers noch ziemlich durch, während die höheren Sprachen stärker an menschliche Sprachmuster angepaßt sind und dem Benutzer den Umgang mit ihnen erleichtern. Das hat natürlich zur Folge, daß ein Computer sich länger in der Übersetzungsphase mit einem eingegebenen Befehl befassen muß, bevor er ihn ausführen kann.

Wir wollen uns das einmal anhand einer Analogie verdeutlichen:

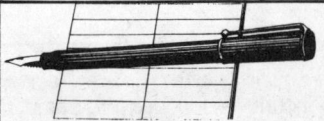

Wenn meine Mutter zur Feder greift und auf einem Blatt Papier ein Rezept in einer Sprache aufschreibt, die sie versteht (Persisch), ist sie wie ein Programmierer.

Sie schickt das Rezept dann zu mir.

Ich muß das Rezept nun ins Englische übersetzen und an meine englische Freundin weiterreichen. (Warum kochste denn nich selbst, äy?!)

Meine Freundin kann dann nach dem Rezept einen leckeren Kuchen backen.

2. Das Who's who der Computerwelt

Programmieren – oder einen Computer etwas tun lassen – ist ungefähr das gleiche wie das, was meine Mutter getan hat.

a) Sie muß sich eines «Editors», eines Dateiaufbereiters, bedienen, um die Instruktionen in einer Sprache aufzuschreiben, die zur Verständigung mit Computern entwickelt wurde (FORTRAN, BASIC).

b) Sie muß diese Instruktionen dann an einen Übersetzer schicken, der im computerischen Fachjargon «Compiler» heißt.

c) Der Compiler überträgt die Programmiersprache in den Code, mit dem der Computer intern arbeitet.

d) Jetzt muß der Speicher des Rechners mit Hilfe eines «Loader» (eines Ladeprogramms) mit der Maschinencodeversion des Programms geladen werden, damit es ausgeführt werden kann.

Der Computer übernimmt die Rolle all dieser Vermittler. Er spielt das «Hut-Wechsel-Spiel» mit dem Benutzer (was für Greenhorns ziemlich verwirrend sein kann):

Das Leben wäre für meine Mutter und meine Freundin leichter gewesen, wenn sie am selben Ort gelebt hätten. Meine Mutter hätte ihre Anweisungen Satz für Satz geben können (Also ob das deiner Freundin das Leben wirklich leichter gemacht hätte, mein lieber Masoud?), und ich hätte sie übersetzen und meine Freundin sie befolgen können. Meine Mutter hätte ihr zuschauen und eingreifen können, falls sie etwas falsch gemacht hätte. Es hätte keinen Bedarf für Papier und Feder, für Postversand des Rezepts gegeben. Ach, wär' das schön gewesen!

Gleichermaßen könnte das Leben des Programmierers erleichtert werden, wenn wir verschiedene Teile der Software (Programme) zusammenfassen und so die Vermittlungsschritte verringern könnten. Und genau das ist bei den meisten kleinen Computern der Fall. Sie haben nur ein Stück Software, genannt BASIC. Das ist eine Sprache, die Zeile für Zeile übersetzt wird. Sie ist außerdem das Betriebssystem (auch: operating system) des Computers, und durch sie kann man fast all die Dinge tun, von denen wir eben gesprochen haben. Und das ist wirklich eine ungemeine Erleichterung für alle Anfänger an der Tastatur.

Sie müssen nichts mehr über viele,
viele Katzen lernen – nur noch über
eine (aber das bitte richtig!).

Aber auch für die Hersteller wird alles leichter, denn sie müssen nur noch ein
Dienstprogrammpaket entwickeln, bevor sie ihre Geräte auf den Markt werfen
können.

Dieser Ansatz bedeutet, daß BASIC «der Hansdampf in allen Gassen» ist, der nur leider gar nichts richtig kann.

Und das bedeutet, daß die wahren Möglichkeiten des Computers durch die Begrenzungen eines ziemlich kleinen Hilfsgeräts verschleiert werden. Es handelt sich dabei um ein Stück Maschine, das einfach zu bedienen ist, mit dem es aber verdammt schwierig ist, Meisterwerke zu produzieren.

In BASIC sähe unser Beispiel mit der Telefonrechnung übrigens so aus:

```
READ N, C, F
LET B = N * C + F
PRINT B
```

Dieses Beispiel führt uns zu einem Programm in BASIC, das dem ursprünglich von uns erdachten ausreichend ähnelt, das uns aber leicht vorgaukeln kann, unser Compi spreche nun auf einmal englisch. Aber es gilt auch weiterhin, daß jede Abweichung vom Einer- und Nullenmuster die innere Gedankenwelt des Rechners aus den Fugen bringen würde.

Es gibt eine ganze Menge von Dingen, die, ebenso wie bei der Backerei meiner Freundin nach Mamas Rezept, beim Computern schiefgehen können. Wenn der Compiler irgendwas nicht versteht, macht er dem Benutzer davon Meldung und nennt ihm die unverständlichen Abschnitte. Im Fachchinesisch nennt man das Compilerfehler. Ferner könnte der Computer irgendeinen Fehler finden, während er die übersetzten Befehle ausführt. Das sind Laufzeitfehler. Der Benutzer muß dann den ursprünglichen Text des Programms checken und herausfinden, wo das Problem liegt. Die Fehlerquellen werden auf computerisch «bug» genannt, was soviel wie Käfer heißt, mit VW aber nichts zu tun hat; und wenn man sein Programm korrigiert, nennt man das «debugging», was mit entlausen übersetzt werden könnte.

Neben BASIC werden noch viele andere Programmiersprachen angeboten: FORTRAN, PASCAL, COBOL, PROLOG . . . um nur einige zu nennen. Und natürlich streiten sich die Fachleute unaufhörlich, welche die geeignetste sei. Aber das hängt ganz wesentlich vom jeweiligen Anwendungsbereich des Rechners ab, und in jedem Gebiet gibt es eine Sprache, die beliebter ist als die anderen.

ER SPRICHT BASIC, ABER MIT EINEM RECHT STARKEN FORTRAN-AKZENT!

85

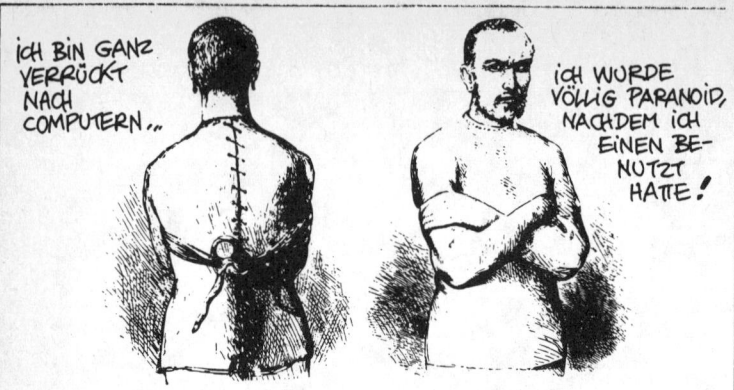

Das harte, qualvolle Leben eines Programmierlehrlings wäre soviel leichter, wenn es eine universelle Programmiersprache gäbe, die ein jeder für ein jedes benutzen könnte. Aber seit damals in Babylon ist das ja nicht nur in der Computerwelt ein Problem.

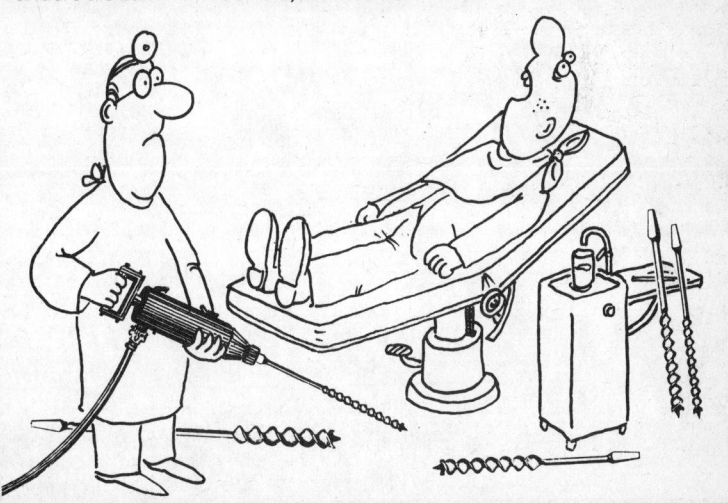

Leider hat ja auch noch niemand das Universalwerkzeug erfunden, mit dem man alles machen kann. Für jedes Problemchen gibt's spezielle Arbeitsgeräte: zum Uhrmachen andere als zum Urbarmachen, zum Häuserbauen andere als zum Bäume umhauen und zum Zähnebohren andere als zum . . . oder wie, Herr Doktor?

BASIC ist gut genug, um den beiläufigen Computerfreund zufriedenzustellen; es wird ihn aber meist davon abhalten, höher entwickelte Sprachen zu lernen. FORTRAN eignet sich zu wissenschaftlichen Zwecken (na ja, jedenfalls war das vor zwanzig Jahren so); COBOL ist für den kommerziellen Gebrauch, und mit PROLOG kann man Programme schreiben, die menschliche Intelligenz simulieren.

WIR HABEN IHN SO PROGRAMMIERT, DASS ER DIE MENSCHLICHE INTELLIGENZ SIMULIEREN KANN. SIE GLAUBEN GAR NICHT, WAS FÜR HIRNRISSIGE DINGE ER VON SICH GIBT, WENN WIR DAS PROGRAMM STARTEN!

3. Software

Alles, was ein Computer tut, beruht auf Programmen, die Menschen geschrieben haben. Meistens kauft man diese unverzichtbaren Elaborate schon zusammen mit dem elektronischen Wunderkasten (samt seinen Zusatzgeräten). Wobei man ersteres Software nennt (aber nicht, weil man beim Schreiben 'ne weiche Birne kriegt) und letzteres Hardware. Auch die Software gibt es übrigens meist in harter Form: auf Cassetten oder Magnetplatten oder aufgeschrieben auf Papier.

Wir könnten natürlich auch ein Stück Speicher für einen Computer kaufen, dessen interne Verdrahtung fest ist und der nur den Code für ein ganz bestimmtes Programm verarbeiten kann. Womit ich zeigen will, daß der Übergang von Software zu Hardware durchaus fließend ist.

Das wichtigste Stück Software, das ein Computer braucht, ist das Betriebssystem (operating system). Das ist eine Art Verwaltungsprogramm, das die einzelnen Bestandteile des Computers steuert und sich mit den typischen Anforderungen des Benutzers befaßt. Um noch einmal auf die Backstrukturen in meiner Familie zurückzukommen: Es war das Betriebssystem, das meine liebe alte Mutter mit Papier und Feder ausstattete, das den Brief von meiner Mutter zu mir beförderte und von mir zu meiner lieben jungen Freundin, der Köchin.

Die ersten Computer mußten noch jedesmal, wenn sie eingeschaltet wurden, von einem Programmierer mit einem Betriebssystem geladen werden, bevor andere, unwissendere Benutzer sie gebrauchen konnten. Man nannte das «bootstrapping» – «verschnürsenkeln» (frei übersetzt).

Heutzutage werden jedoch einige Teile des Speichers von vornherein fest verdrahtet, um als Betriebssystem zu dienen. Diese Art von Speicher heißt «Read Only Memory» (ROM). Aus diesem Speicher kann man nur noch abrufen, neu einspeichern geht nicht. Anders beim «Random Access Memory» (RAM), der dem Benutzer beides erlaubt: rein und raus, ganz nach Belieben. Für beide Speicher gibt es auch noch deutsche Begriffe: ROM = Festspeicher und RAM = Direktzugriffsspeicher.

Ein Computerhersteller muß sowohl Software als auch Hardware im Lieferprogramm haben. Die von den meisten Herstellern angebotene Software besteht in der Regel aus Betriebssystemen, Dateieditoren zur Zusammenstellung von Programmen und Texten, Compilers zur Übersetzung sowie Dienstprogrammen (utilities) wie zum Beispiel standardisierte Lohnzahlungs- oder Inventurprogramme.

Ein Teil der Software, die nötig ist, um einen Computer überhaupt gebrauchsfähig zu machen, ist bereits im Preis enthalten, aber das meiste muß sich der Benutzer selbst schreiben oder gegen bare Münze zusätzlich kaufen.

Die Firma, die die Maschine baut, verkauft allerdings nicht die ganze Software selbst. Auch andere Unternehmen (Softwarehäuser) schreiben Programme und bieten sie auf dem Softwaremarkt an. Einige Firmen entwickeln Programme, die ganz auf die Bedürfnisse eines speziellen Kunden zugeschnitten sind; andere schreiben was für ganz neue Aufgaben, und dann versuchen sie, genügend Leute davon zu überzeugen, daß sie ohne das neue Programm nicht mehr auskommen können – und es kaufen. Aber wie gesagt, manche Computerfreaks schreiben sich ihre Programme ganz einfach selbst . . .

4. Speicher

Die Speicherelemente in einem Direktzugriffsspeicher (RAM) und einem Festspeicher (ROM) sind in übereinanderliegenden Reihen angeordnet. Der Zugriff zu einem Speicherplatz ist so schnell, wie die Dekodierschaltungen den richtigen Platz finden. Dieses System hat allerdings einige Nachteile.

1. Die Aufnahmefähigkeit dieser Speicher ist, je nach Konstruktion des Computers, begrenzt.

2. Die Speicherinhalte des RAM sind flüchtig, und sobald der Strom abgedreht wird, sind alle kostbaren Informationen futsch.

3. Sie sind nicht zu gebrauchen, um Informationen von einem Computer zu einem anderen zu übertragen.

Es gibt noch eine ganze Reihe anderer Möglichkeiten, um Daten aufzubewahren und wieder zugänglich zu machen. Man kann sie beispielsweise sequentiell, das heißt eine Information nach der anderen zwischen einem Startpunkt und einem Endpunkt, speichern. Magnetband auf Spulen oder in Cassetten speichert nach diesem Prinzip. Oder man speichert auf Magnetplatten, auf deren Oberfläche Informationen in Datenspuren, die in Blöcke aufgeteilt sind, festgehalten werden, während sich die Platte mit großer Geschwindigkeit dreht. Der Zugriff zu den Daten ist schneller als vom Band, aber nicht so schnell wie aus dem Hauptspeicher in der Zentraleinheit. Magnetplatten sind entweder hart oder «floppy» (biegsam) und heißen deshalb auch «hard disc» beziehungsweise «floppy disc». Es gibt sie in verschiedenen Größen (wobei bei Heimcomputern meist mit 5 1/2-Inch-Platten gearbeitet wird). Magnetbänder und -platten sind nicht «flüchtig» und sehr praktisch zur Übertragung von Daten. Auf dem Bild auf der nächsten Seite sind ein paar Speichergeräte mit ihren Kapazitäten abgebildet.

MAGNETPLATTE

HARD DISC
15 INCH DURCHMESSER, KAPAZITÄT 10 MEGABYTES

FLOPPY DISC

8 INCH DURCHMESSER,
KAPAZITÄT 1 MEGABYTE

5 INCH DURCHMESSER,
KAPAZITÄT 0,2 MEGABYTE

MAGNETBAND

LÄNGE 730 METER,
KAPIZITÄT 20 MEGABYTE

FESTSPEICHER-GERÄTE

BUBBLE MEMORY
KAPAZITÄT 0,12 MEGABYTE

CASSETTE (C 60)
KAPAZITÄT 0,4 MEGABYTE

RAM
KAPAZITÄT 8 KILOBYTES

CASSETTE (C 15)
KAPAZITÄT 0,1 MEGABYTE

1 Byte kann einen Buchstaben aus dem Alphabet aufnehmen. Eine Druckseite beansprucht durchschnittlich 2,5 Kilobytes (1 K=1024 Bytes) Speicherkapazität.

5. Hardware

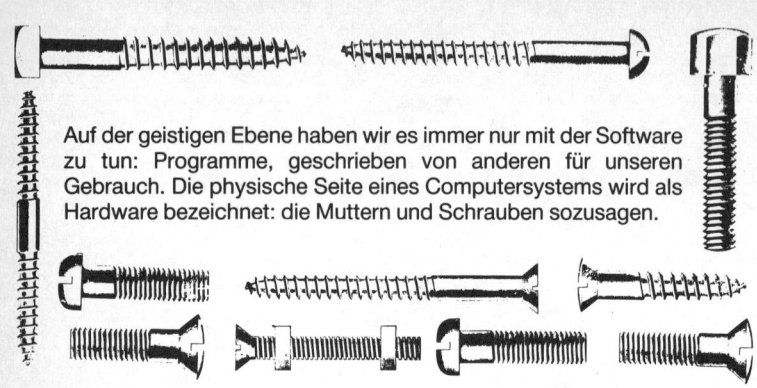

Auf der geistigen Ebene haben wir es immer nur mit der Software zu tun: Programme, geschrieben von anderen für unseren Gebrauch. Die physische Seite eines Computersystems wird als Hardware bezeichnet: die Muttern und Schrauben sozusagen.

> DANKE FÜR DAS SPRACHMODUL. JETZT KANN ICH DIR ENDLICH MAL SAGEN, WAS FÜR EIN TROTTEL DU BIST!

Heute reden wir mit unserem Compi meist noch über eine Eingabetastatur und einen Bildschirm (für die Ausgabe) – zusammengefaßt in
einem Gerät übrigens, Visual Display Unit (VDU) oder Datensichtgerät
oder Terminal genannt.

Bei Großanlagen sind gewöhnlich mehrere Terminals mit einer Zentraleinheit mit großem Speicher verbunden. Jeder Benutzer teilt sich in
einem solchen System die Zentraleinheit und den Speicher mit anderen
Leuten. Da jedoch die CPUs solcher Anlagen ziemlich schnell und die
Speicher sehr groß sind, hat jeder Benutzer an seinem Terminal den Eindruck, er oder sie habe das ganze System für sich allein (Minicomputer-
system). Die ganz großen Rechnersysteme verfügen über mehrere Zentraleinheiten, mehrere verschiedene Speichertypen und eine größere
Vielzahl von Ein- und Ausgabegeräten – das alles miteinander verbunden (mainframe computer systems/Universalrechner).

Heute ist der Computerterminal mit Eingabetastatur und Bildschirm das verbreitetste Ein-/Ausgabegerät, aber es hat auch noch viele andere Schlüssel zum Innern des Computers gegeben, und viele von ihnen sind noch immer in Gebrauch. Diese Vielzahl von Geräten, mit denen wir mit dem Rechner in Verbindung treten, ergibt sich aus der Vielzahl verschiedener Anwendungsgebiete für die elektronische Datenverarbeitung, die nur wenig miteinander gemein haben. (Deshalb schwingt im Wort Computer auch immer die Bedeutung Mehrzweckgerät mit.)

Herman Holleriths IBM-Lochkarten waren die erste Methode, den Computer mit Informationen zu füttern. Auf einer Karte können bis zu 80 Zeichen dargestellt werden, und zwar jeweils durch die Kombination von Löchern an ganz bestimmten Stellen. Um Informationen eingeben zu können, muß man einfach für jedes Zeichen die entsprechenden Löcher in die Karte stanzen.

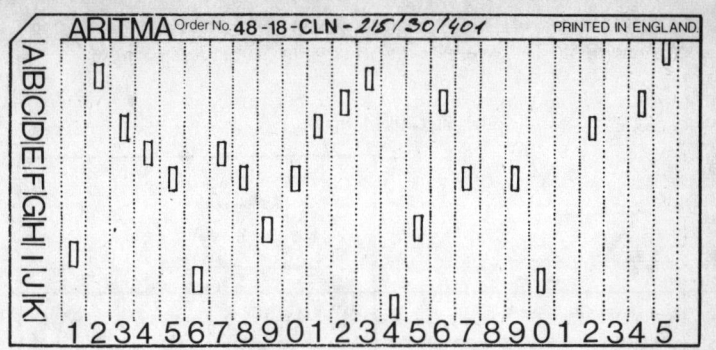

Über einen Lochkartenabtaster liest der Computer die Informationen von der Karte ab. Die Löcher können auch in einen fortlaufenden, aufgerollten Papierstreifen gestanzt werden, und zwar sowohl von Menschen als input als auch vom Computer als output (was später dann wiederum als input benutzt werden kann). Es gibt übrigens kombinierte Geräte dafür: die Lochstreifenlesestanzer. Ein tolles Wort, nicht?

Auf diesen schönen Bildern zeigen wir dem geneigten Leser ein System, das seine beste Zeit zweifelsohne in den sechziger Jahren hatte.

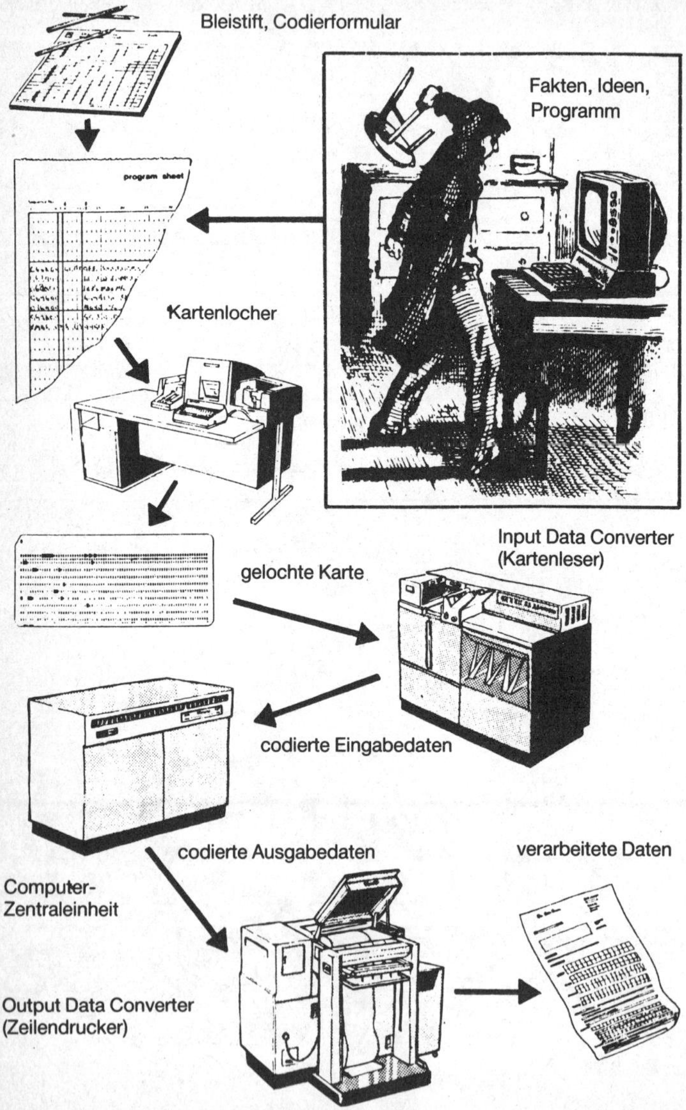

Bleistift, Codierformular

program sheet

Fakten, Ideen, Programm

Kartenlocher

gelochte Karte

Input Data Converter (Kartenleser)

codierte Eingabedaten

Computer-Zentraleinheit

codierte Ausgabedaten

verarbeitete Daten

Output Data Converter (Zeilendrucker)

Betrachten Sie, werte Leser, jetzt bitte eine vergleichbare Anlage aus den siebziger Jahren. Hier fand die Interaktion zum größten Teil über eine Datensichtstation statt. Bei diesen «interaktiven Systemen» gab der Benutzer die Daten über den Terminal ein, und schon im selben Moment (oder nur mit kurzer Verzögerung) erfolgte die Ausgabe über den Bildschirm.

EINGABEGERÄT

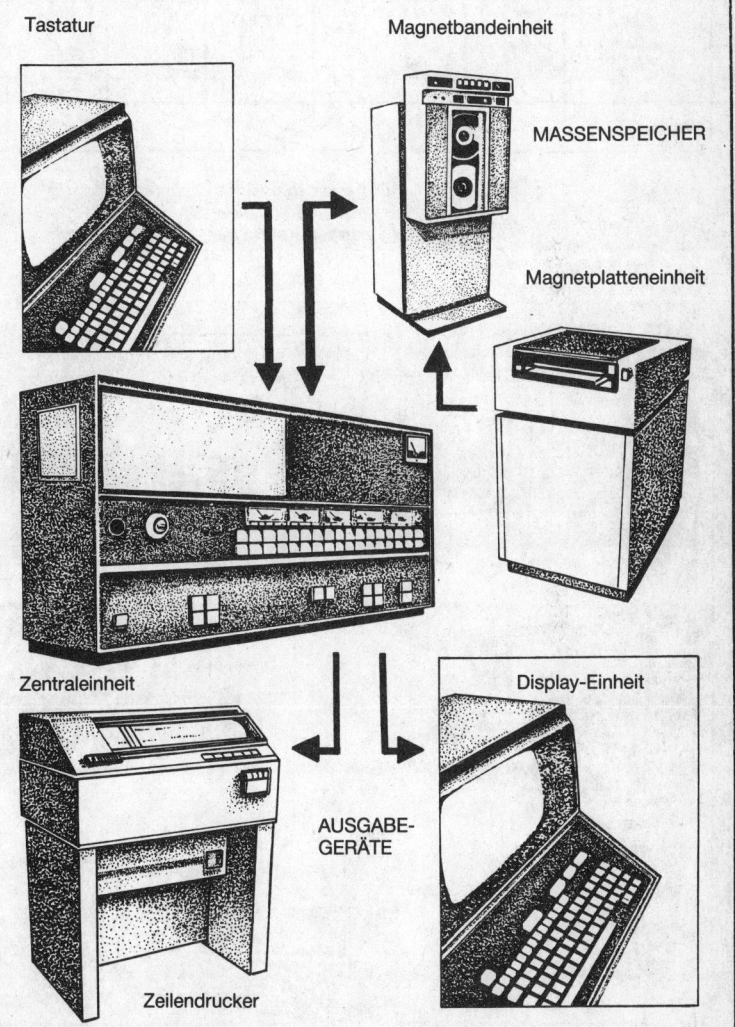

Tastatur

Magnetbandeinheit

MASSENSPEICHER

Magnetplatteneinheit

Zentraleinheit

Display-Einheit

AUSGABE-GERÄTE

Zeilendrucker

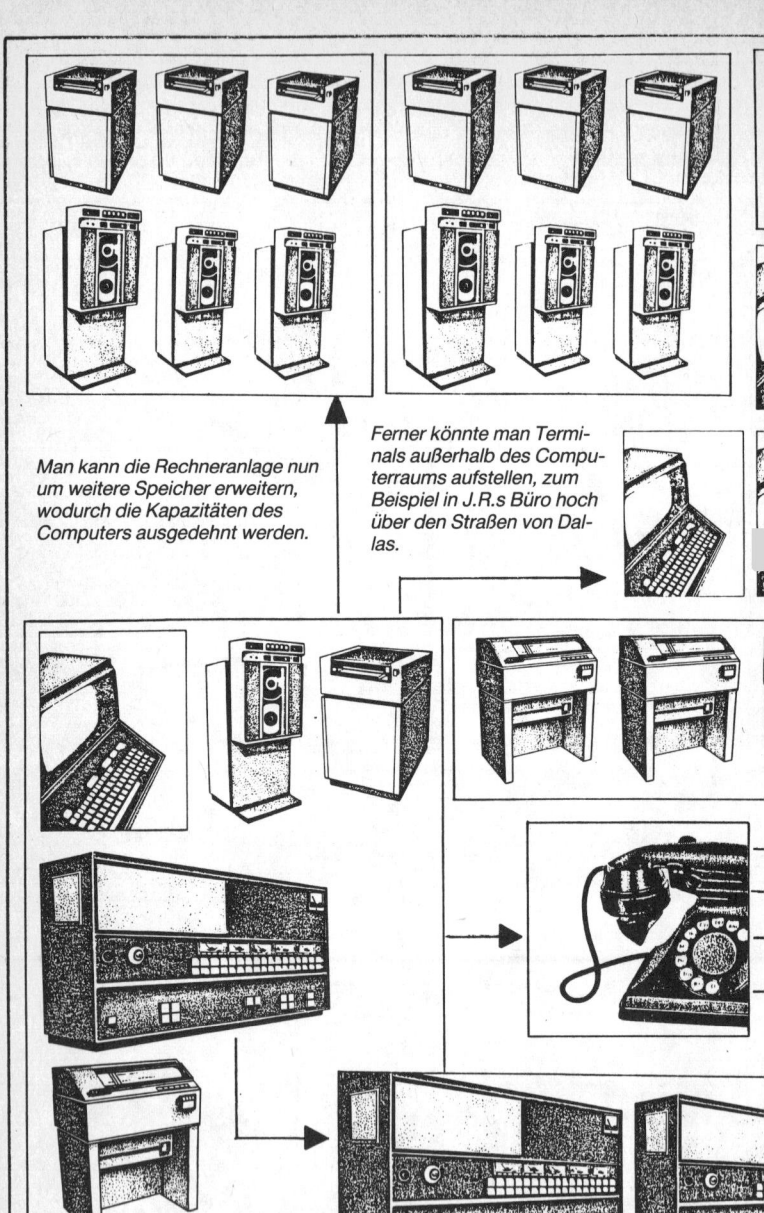

Man kann die Rechneranlage nun um weitere Speicher erweitern, wodurch die Kapazitäten des Computers ausgedehnt werden.

Ferner könnte man Terminals außerhalb des Computerraums aufstellen, zum Beispiel in J.R.s Büro hoch über den Straßen von Dallas.

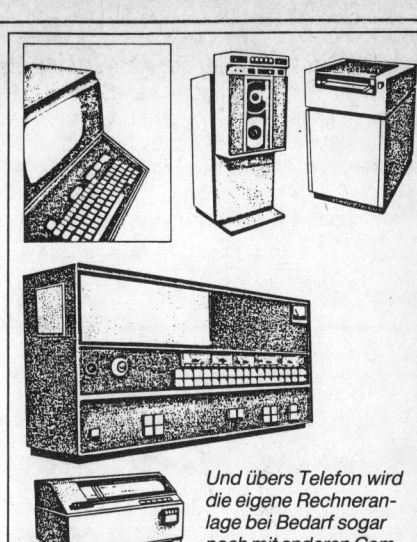

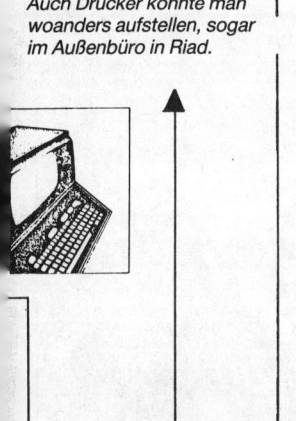

Oder wie wäre es mit einem Terminal auf der South Fork Ranch?
Auch Drucker könnte man woanders aufstellen, sogar im Außenbüro in Riad.

Und übers Telefon wird die eigene Rechneranlage bei Bedarf sogar noch mit anderen Computern verbunden. Paßwörter sollen den unerlaubten Zugriff auf fremde Daten verhindern.

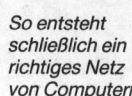

So entsteht schließlich ein richtiges Netz von Computern.

Um die Leistungsfähigkeit und Schnelligkeit des Computers zu erhöhen, sollte man vielleicht auch noch ein paar Zentraleinheiten anschließen.

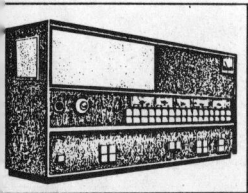
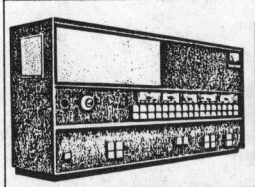
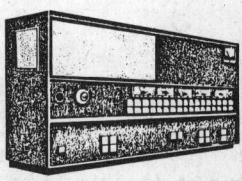

Das beliebteste Ausgabegerät, das die Ergebnisse zu Papier bringt, ist seit langem der Zeilendrucker. Er druckt die Resultate der ganzen Rechnereien Zeile für Zeile aus, und das sogar noch ziemlich schnell. Nur sehr schön ist das Schriftbild leider nicht. Schreibraddrucker arbeiten nach demselben Prinzip wie Schreibmaschinen und drucken Buchstabe für Buchstabe – sehr schön, aber leider auch ziemlich langsam. (Qualität fordert eben ihren Tribut – vom Menschen wie vom Computer.)

6. Die Computer der vierten Generation

Computer gibt's in vielen Formen und Größen.

Vor allem aber gibt es sie in mehreren Stücken und Teilen.

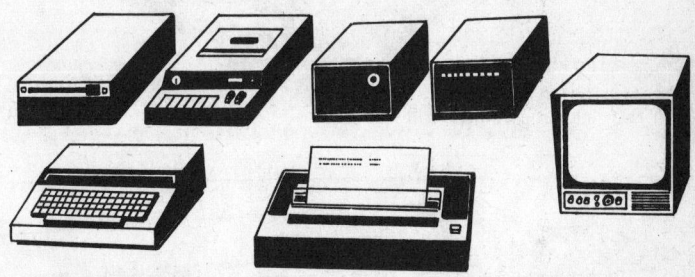

Und wenn man all diese Teile nun zu einem praktischen Kompaktrechner zusammenbaute? Was käme dann dabei raus?

Zum Beispiel der PET CBM 2000, einer der ersten preiswerten Personal Computer. Er gehört zur Gruppe der Mikrocomputer.

Ein Mikrocomputer, wie es ihn im Warenhaus zu kaufen

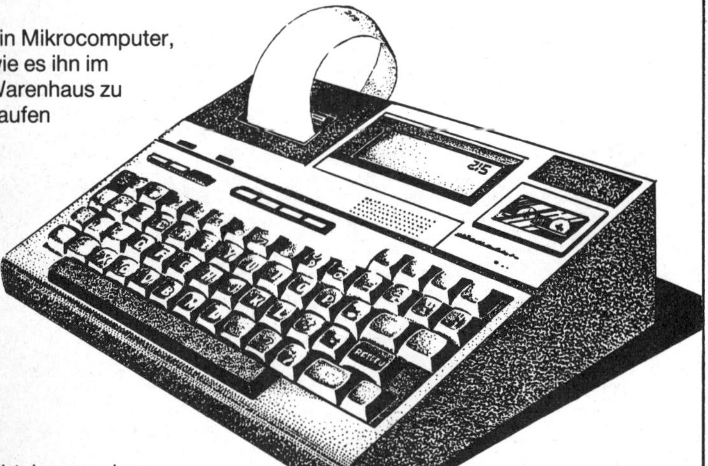

gibt, kann so kompakt sein, daß er mitsamt allen Zusatzteilen in einen Koffer paßt.

TOSHIBA
COMPUTER

TOSHIBA PROGRAMMIERER

Diese Systeme haben alle vier Teile, die einen Computer ausmachen –
also Ein- und Ausgabeeinheit, Speicher und Prozessor –, eingebaut.
Andererseits gibt es heute auch schon Heimcomputersysteme, die weit
mehr als das Notwendigste aufzuweisen haben.

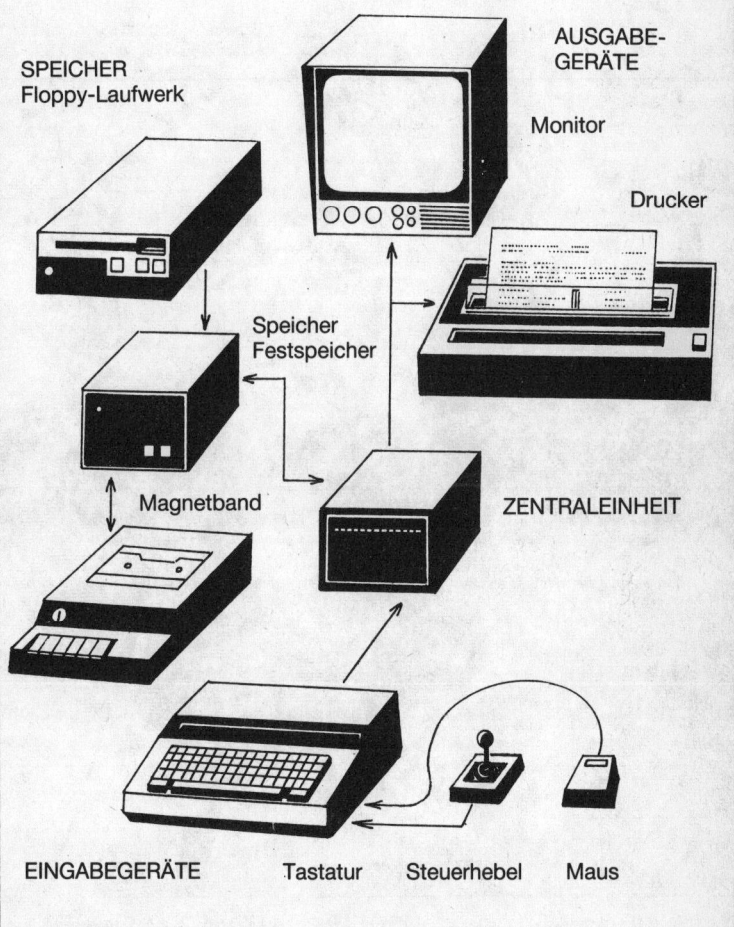

SPEICHER
Floppy-Laufwerk

AUSGABE-
GERÄTE

Monitor

Drucker

Speicher
Festspeicher

ZENTRALEINHEIT

Magnetband

EINGABEGERÄTE   Tastatur   Steuerhebel   Maus

Verschiedene andere Eingabegeräte können angeschlossen werden.

Was im vergangenen Jahrzehnt auf dem Feld der Computerspiele passiert ist, ist eine echte Revolution – zumindest was die permanente Schrumpfung der Geräte und die gleichzeitige Steigerung ihrer Leistungsfähigkeit betrifft.

SCHLUSS MIT DEN COMPUTERSPIELEN! VOM EWIGEN STARREN AUF DEN BILDSCHIRM KRIEGST DU NOCH RECHTECKIGE AUGEN!

Die elektronischen Elemente, die in integrierten Schaltkreisen (IC) stecken – Transistoren, Kondensatoren, Widerstände –, unterscheiden sich in ihren Funktionen nicht grundsätzlich von denen, die vor dem Zeitalter der Mikroelektronik verwendet wurden. Der Unterschied zwischen ihnen ist ein gradueller, kein prinzipieller. Bevor es die Mikroelektronik gab, mußte jedes Element einzeln hergestellt und dann mit den anderen verbunden werden, um den erforderlichen Schaltkreis zu bilden.

QUERSCHNITT EINES EINFACHEN SILICONCHIPS
(EIN EINFACHER VERSTÄRKER)

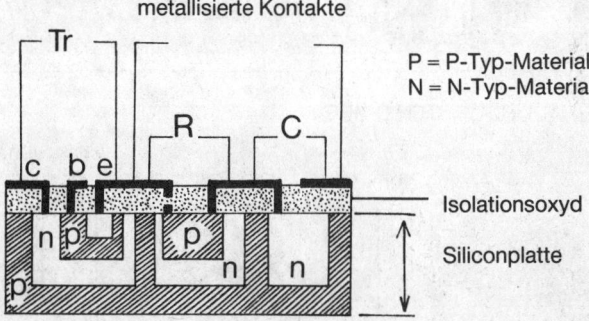

metallisierte Kontakte

Tr

P = P-Typ-Material
N = N-Typ-Material

R   C

c b e

Isolationsoxyd

Siliconplatte

SCHEMATISCHE DARSTELLUNG DESSELBEN CHIPS

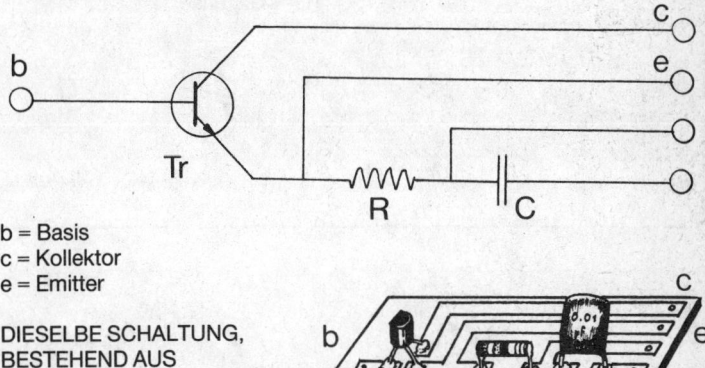

b

Tr

c
e

R   C

b = Basis
c = Kollektor
e = Emitter

DIESELBE SCHALTUNG,
BESTEHEND AUS
EINZELNEN BAUELEMENTEN

b

c
e

Tr   R   C

Heute werden Chips produziert, die nur etwa 0,5 mm dick sind und auf einer Grundfläche von ca. 5 x 5 Millimeter Tausende von Halbleiterelemente (elektronische Schaltelemente) tragen.

Die ganze sogenannte «Mikroelektronik-Revolution» beruht auf dieser Winzigkeit.

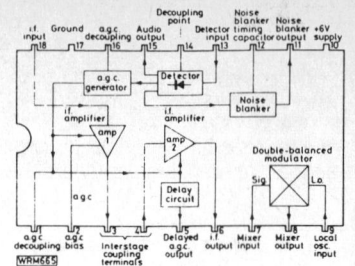

Das interne Blockdiagramm des Plessey-IC «SL6700C». Der IC enthält die meisten Teile eines Transceivers oder einer Sender-Empfänger-Anlage.

DIE GEBRÄUCHLICHSTEN CHIPS

DIL-Gehäuse
14 Pins   Ansicht von oben

DIL-Gehäuse
8 Pins

Ansicht von oben

 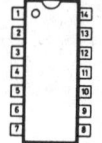  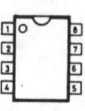

TO-4-Gehäuse

TO-6-Gehäuse

Ansicht von oben   Ansicht von oben

DURCHSCHNITT-
LICHE GRÖSSE
EINES
SILICONCHIPS

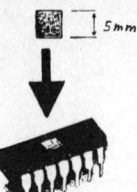

5 mm

SILICONCHIP
(EINGEKAPSELT)

VERGRÖSSERTE
ABBILDUNG
DES CHIPS

STÄRKERE VER-
GRÖSSERUNG
DES CHIPS

BEACHTE DIE
FEINEN
VERGOLDETEN
VERBINDUNGEN
ZU DEN PINS

EIN MODERNER
CHIP KANN
TAUSENDE VON
TRANSISTOREN
TRAGEN

DIES HIER IST
FERRANTIS
F 100 L MIKRO-
PROZESSORCHIP

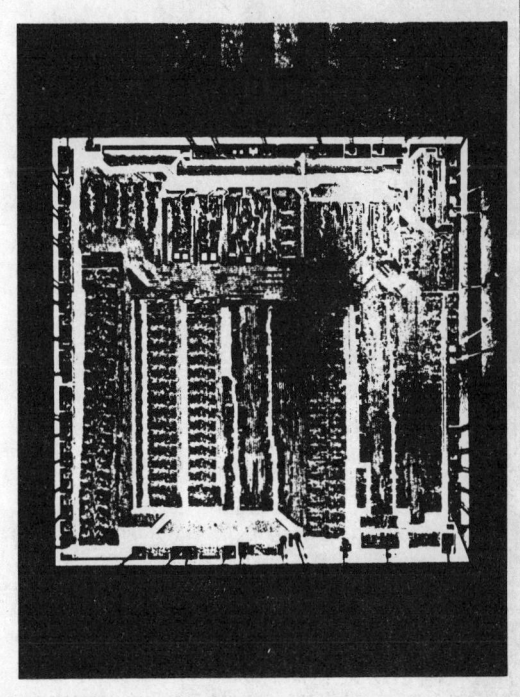

Dieser Prozeß ist als large-scale integration bekannt und hat zur vierten Computergeneration geführt. Jetzt wurde es möglich, billige, kleine Mikrocomputer für den Hausgebrauch zu produzieren, aber auch bei den Großrechnern wurde die Entwicklung noch leistungsstärkerer Systeme vorangetrieben. Das Bindeglied zwischen diesen beiden Extremen bildet der Minicomputer, der vor allem in mittelgroßen Industriebetrieben und Handelsfirmen steht.

Die weitere Verkleinerung der Computer hat uns den Mikroprozessor beschert. Es handelt sich dabei um die miniaturisierte Version der Zentraleinheit, allerdings ohne Speicher. Und die Very Large-Scale Integration (VLSI) macht es jetzt sogar möglich, auf einem Chip neben dem Prozessor auch noch den Speicher (in der Form von RAM und ROM) und manchmal sogar die Ein-Ausgabe-Schnittstellen unterzubringen.

Diese Art von Vorrichtungen werden heute zunehmend benutzt, um Teile anderer Maschinen wie Autos, Waschmaschinen und sogar Cruise Missiles zu steuern.

ES IST MR. REAGAN, GENOSSE. ER ENTSCHULDIGT SICH VIELMALS UND SAGT, ES SEI NUR EIN SOFTWARE-IRRTUM GEWESEN, UND WIR MÖCHTEN ES BITTE IGNORIEREN!

7. Einige Vergleiche

Im Jahre des Herrn 1950 produzierte Ferranti Europas ersten kommerziell einsetzbaren Computer: Star. Er füllte einen Raum von etwa 16 Quadratmeter, hatte 4000 Röhren, brauchte 26 Kilowatt Strom, um zu arbeiten, und benötigte eine ständige Klimatisierung, um nicht heißzulaufen. In ihm steckten fast 10 Kilometer Kabel und 100 000 Lötstellen. Das hieß, daß abgesehen von den Entwicklungskosten auch die Produktionskosten wahnsinnig hoch waren.

Im Jahre 1977 hatte Ferranti in Europa mit seinem Mikroprozessor F100-L wieder die Nase vorn. Der Winzling hat die hundertfache Rechenkapazität von Star, braucht fünf Millionen mal weniger Strom (gerade man 5 Milliwatt), entwickelt so gut wie keine Wärme und funktioniert bei −55 Grad Celsius ebenso wie bei +125 Grad. Er ist 6 mm lang und breit und 0,375 mm dick. Er hat ungefähr 70 000 Schaltelemente und rund 1,80 m metallischer Verbindungen. Die Herstellungskosten liegen unter 20 DM, eine Reduzierung um das 100 000fache.

114

Computer bei der Arbeit

1. Wie man einen Computer
   dazu bringt, etwas zu tun
2. Kommerzielle und administrative
   Anwendungen
3. Wissenschaftliche Anwendungen
4. Industrielle und militärische
   Anwendungen
5. Warum überhaupt einen Computer
   benutzen?
6. Wandel im Computergebrauch
7. Medizinische Anwendungen
8. Auf dem Weg zur künstlichen
   Intelligenz
9. Computer in der Bildung
10. Schlußfolgerungen

1. Wie man einen Computer dazu bringt, etwas zu tun

In den vorangegangenen Kapiteln haben wir uns damit befaßt, wie ein Computer in seinem Innern funktioniert. Wir haben uns das Konstruktionsprinzip veranschaulicht, den Computer betrachtet, wie ein Kfz-Mechaniker ein Auto sieht. Jetzt ist es an der Zeit, darüber zu reden, wie man den Rechner benutzt, ihn also zu betrachten, wie ein Autofahrer seinen Wagen sieht. Wie jeder weiß, gibt es weit mehr Autofahrer als Mechaniker, und einige Leute sind natürlich beides. Wir brauchen nicht zu wissen, wie ein Auto funktioniert, um es fahren zu können, und ebensowenig brauchen wir zu wissen, wie ein Computer funktioniert, um ihn benutzen zu können.

MEINE THEORIE IST, DASS DA SUPERSCHLAUE ZWERGE DRINSITZEN, DIE MIT DEN ZAHLEN HANTIEREN.

Computer sind Werkzeuge. Werkzeuge brauchen Instruktionen von Menschen, was sie tun sollen. Ein Auto kriegt diese Anweisungen beispielsweise durch den Zündschlüssel, das Gaspedal, die Kupplung, die Bremse oder das Lenkrad. Sogar ein Schraubenzieher braucht – so komisch das klingen mag – Instruktionen! Und ebenso ein Computer. Allerdings ist die Interaktion, das Zusammenspiel mit einem Computer in vielerlei Hinsicht einfacher als mit anderen Werkzeugen, und gleichzeitig ist sie doch auch viel komplizierter.

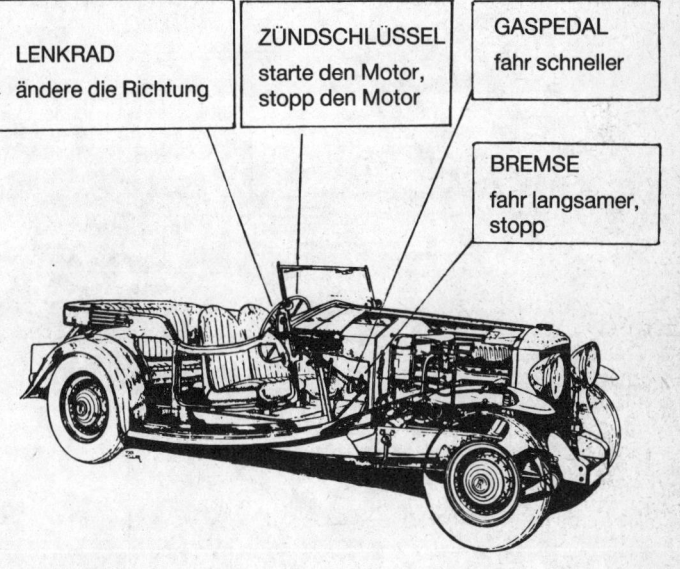

LENKRAD
ändere die Richtung

ZÜNDSCHLÜSSEL
starte den Motor,
stopp den Motor

GASPEDAL
fahr schneller

BREMSE
fahr langsamer,
stopp

MECHANISCHE INSTRUKTIONEN
AN DEIN AUTOMOBIL

Computer haben ein «Gedächtnis», mit dem sie eine Reihe von Anweisungen behalten können. (Für die, die's immer noch nicht wissen: Eine Folge von Instruktionen ist ein «Programm».) Das bedeutet, daß ein Computer Befehle, die ihm zu einem bestimmten Zeitpunkt gegeben wurden, zu einem späteren Zeitpunkt in genau der richtigen Reihenfolge ausführen kann.

Computer können mit anderen Dingen verbunden werden und eigenständig Daten ein- und ausgeben. Sie können außerdem Tests durchführen und aufgrund der Testergebnisse Entscheidungen fällen. Vorausgesetzt, man kann sämtliche Möglichkeiten im voraus einschätzen, ist es gar nicht so schwer, ein Programm zu schreiben, das ein Auto lenkt.

SIE NENNEN DAS "FORTSCHRITT". ERST FAHREN SIE WIE GESENGTE SÄUE, UND NUN LASSEN SIE IHRE AUTOS SCHON ALLEIN RUMRASEN!

KEINE ANGST, ES HAT EXTRA EINEN STOSS-SENSOR.

2. Kommerzielle und administrative Anwendungen

Ihr werdet euch erinnern, daß Computer ursprünglich dazu gedacht waren, das Arbeitstempo von Buchhaltern mit ihren Rechenmaschinen und Bilanzbüchern zu steigern. Es ist also gar nicht überraschend, daß auch heute noch viele Computer mit derlei Aufgaben befaßt sind. Im Büro können sie das rasante Tempo, mit dem sie Informationen verarbeiten, ebenso ausspielen wie ihre erstaunliche Fähigkeit, mit Unmengen von Daten umzugehen.

Weil Menschen nun mal nicht die schnellsten Rechner sind, dauerte die in Handarbeit durchgeführte Auswertung der amerikanischen Volkszählung von 1880 über sieben Jahre lang.

Herman Holleriths «Tabellier-Maschine» von 1887 benutzte Lochkarten, um jede Eintragung zu registrieren. Löcher in hübschen, jedoch wohldurchdachten Mustern dienten als Träger kostbarer Daten. Die Auswertung war übrigens recht simpel. Die Maschine sortierte und verglich die Karten, indem sie sich an eben diesen exakt angeordneten Löchern orientierte. Das tat sie allerdings verflucht schnell: Als die Volkszähler von 1880 noch die alten Formulare für die Altpapier-Abholung bündelten, hatte Holleriths Wunderkasten schon die Ergebnisse von 1890 ausgespuckt. Nach sage und schreibe vier Wochenstunden!

Obwohl die «Tabellier-Maschine» nach heutigen Vorstellungen kein Computer war, entsprach ihre Tätigkeit doch vielen Aufgaben, die von modernen Rechnern durchgeführt werden, darunter viele, die auch von Menschen bewältigt werden können (und früher ja auch bewältigt wurden). In der Geschäftswelt muß in kurzer Zeit ein Riesenhaufen Informationen verarbeitet werden. Ein paar typische Beispiele sind: Kontenführung, Lohnberechnungen, Aktienkontrolle, Adressenlisten, Kreditkartenabrechnungen . . . usw., usw. Und all dieses kann vorzüglich: der Computer!

Um all diese notwendigen, doch zeitraubenden Vorgänge zu computerisieren, gilt es zunächst herauszufinden, wie ein Mensch sie bewältigt. Auf der Grundlage dieser Erkenntnisse kann man dann ein System entwickeln, das sich für einen Computer eignet. Ein «Systemanalytiker» tut genau das.

Die Gebiete, auf denen Computer die menschliche Arbeitskraft ersetzen, fallen gewöhnlich in die Kategorie geistige Routinearbeit. Solche Programme werden meistens in COBOL geschrieben. COBOL eignet sich besonders für die Anlage und Führung von kaufmännischen und Verwaltungsunterlagen. Die Computeranlagen stehen in großen Firmen und Regierungsstellen gewöhnlich in speziellen EDV-Abteilungen mit eigenem Personal. Das Personal besteht normalerweise aus Systemanalytikern und Programmierern. Gibt es erst mal eine EDV-Abteilung, wird ein Großteil der Arbeit von anderen Abteilungen an sie übertragen. Und eh' man sich's versieht, ist die Computerabteilung auch schon die heimliche Herrscherin über den ganzen Laden.

Oft fürchten sich die Angestellten weniger vor dem Computer (schließlich tut Compi ja auch keinem was – es sei denn, Herrchen ruft «faß!») als vor der napoleonischen Haltung des EDV-Chefs.

3. Wissenschaftliche Anwendungen

Im Jahre 1944 kamen in der ballistischen Abteilung der U.S. Army täglich sechs Anfragen nach ballistischen Tabellen an – schließlich wollten die Kanoniere der großen Ballermänner wissen, wo ihre Granaten hinflogen.

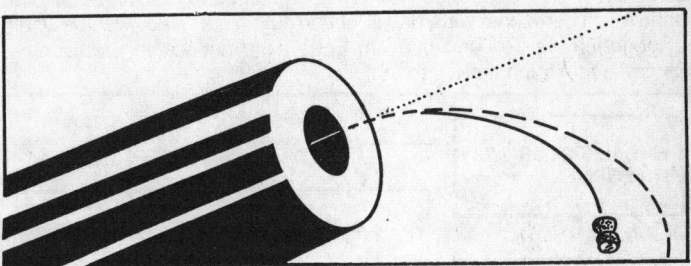

Ein einzelner Ballistiker brauchte aber dummerweise 24 Stunden, um mit Hilfe seiner Rechenmaschine die Flugbahn eines 60-Sekunden-Geschosses zu berechnen. ENIAC (ihr erinnert euch doch noch?) dagegen erledigte das in sage und schreibe 30 Sekunden. Wenn das die Menschheit nicht voranbringt . . . ?

KÖNN'N DIE NICH'N BÜSCHEN SCHNELLER RECHNEN. ICH MUSS BALD MAL LOSSCHIESSEN, ODER DER KRIEG IS VOR- HER VORBEI!

123

Der britische COLOSSUS wurde ja auch nur entwickelt, um während des Weltkrieges den deutschen Nachrichtencode zu brechen. Der Computer probierte in ganz kurzer Zeit alle nur möglichen Kombinationen durch, bis er auf die richtige traf. Da sieht man es also mal wieder: Krieg bedeutet Fortschritt. Ohne den zweiten Weltkrieg gäbe es heute vielleicht keine Videospiele und keine Taschenrechner ... und nach dem dritten gibt es dann wohl wieder keine mehr. Aber weiter im Text. Bei wissenschaftlichen Anwendungen ist es meistens so, daß im Computer zwar unheimlich gerechnet wird, daß aber von außen nur relativ wenige Daten eingegeben werden und daß am Ende auch nur wenig wieder rauskommt – rein quantitativ, versteht sich.

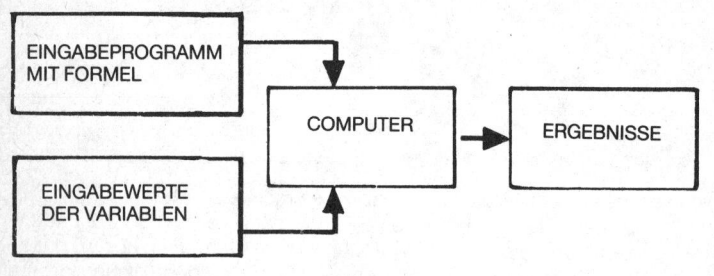

Diese Anwendungen sind nur wegen der hohen Rechengeschwindigkeit des Computers möglich, insbesondere bei numerischen Berechnungen. Die entsprechenden Programmiersprachen, zum Beispiel FORTRAN, sind deshalb auch besonders geeignet, Kurzschriftversionen von mathematischen Formeln zu schreiben.

Numerische Berechnungen führten offenkundig zur Anwendung von Computern im Bereich der Statistik, der angewandten Mathematik und der Logik.

Ein Computer kann chemische Formeln aufstellen, die gewünschten Eigenschaften einer neuen hypothetischen Verbindung bewerten und die Methoden zu ihrer Synthese bestimmen.

Computer können mechanische Prozesse im Modell durchrechnen, Beanspruchung und Ermüdung von Materialien simulieren, Reibung, Vibration, Spannungen, Erhitzung und Belastungen in Maschinen untersuchen, ohne daß kostspielige Modelle und Testgeräte gebaut werden müssen. Sie können das hydro- und aerodynamische Verhalten von unterschiedlich geformten Körpern nachstellen. Autos, Instrumente und andere Produkte, die ohne die Beteiligung menschlicher Hände (und manchmal auch Hirne) gebaut wurden, sind heute bereits auf dem Markt.

Computer werden natürlich in der Informatik, der Kybernetik und der Roboterentwicklung benutzt.

Ein Computer kann einem Psychologen helfen, die menschlichen Verhaltensstrukturen zu verstehen.

Die Anwendung von Computern in der Medizin, insbesondere bei der Diagnose und Organisation, ist schon lange üblich. Computer sind in der Lage, Laborausrüstungen zu steuern, und eine ganze Reihe von ihnen stehen in biologischen und biochemischen Forschungsinstituten.

Die Fähigkeit der Computer, große Mengen von Daten zu verarbeiten, macht sie für Soziologen und Demographen attraktiv.

Ein Computer ist ein wertvolles Hilfsmittel für den Linguisten. Er kann die Häufigkeit von Wörtern vergleichen und regionale und periodische Veränderungen in jeder Sprache aufdecken. Er kann Buchinhalte analysieren und einen Autor identifizieren.

Es ist längst kein Geheimnis mehr, daß Computer all die Berechnungen des Schreckens für die Nuklearphysiker durchführen.

Ein Computer nimmt wissenschaftliche Daten (oder den größten Quatsch) auf, verarbeitet, vergleicht, speichert, findet sie und läßt sie über einen Bildschirm flimmern (oder druckt sie aus). Außerdem kann er eine Apparatur direkt steuern oder kontrollieren. In jedem Wissenschaftszweig, sogar in der Ethik und der Theologie, haben sich Computer breitgemacht!

DIESER EXPERIMENTATOR SCHÜTTET UNVORSICHTIGERWEISE GLYZERIN IN EINE SCHALE MIT SALPETERSÄURE. WENN ALLE RELEVANTEN DATEN BEKANNT SIND (TEMPERATUR, KONZENTRATION, UNREINHEITEN, CHEMISCHE FORMELN), KANN DER COMPUTER VORAUSSAGEN, OB (ODER WANN) DER MANN IN DIE LUFT FLIEGT ODER NUR EIN LOCH IN SEINEN ANZUG ÄTZT?

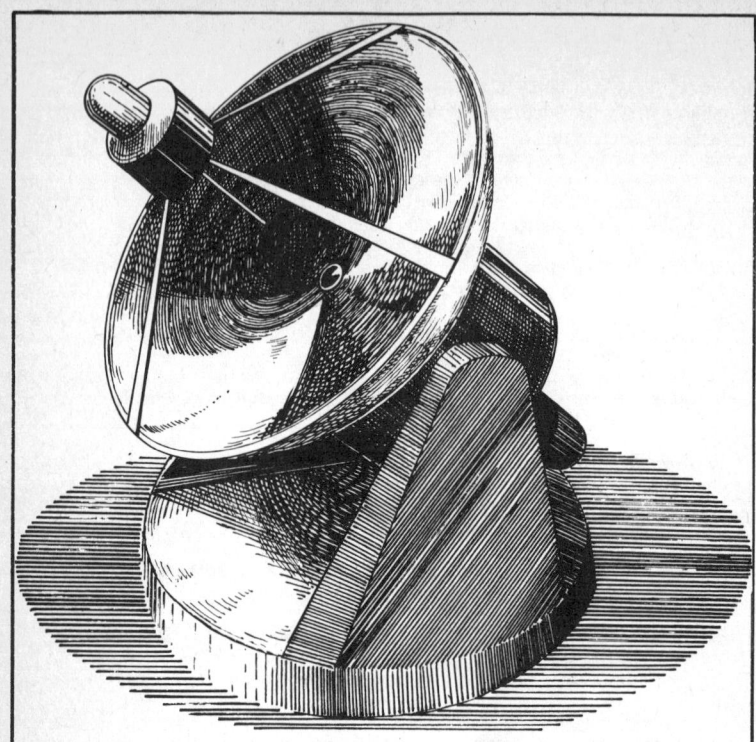

Ein Computer kann sich einen Haufen Sterne «merken». Er kann ihre Entfernungen, relativen Positionen und Bewegungen berechnen. Er kann sogar die Existenz eines für uns unsichtbaren und folglich unbekannten Objekts im All deduzieren. Er bedient sich dabei seiner «Kenntnisse» über physikalische Gesetzmäßigkeiten im All und die Umlaufbahnen bekannter Objekte. Er kann Erscheinungen am Himmel auf Jahrhunderte im voraus oder in die Vergangenheit zurück berechnen.

Ein Computer registriert auch Daten von neuen Beobachtungen, verarbeitet und speichert sie. Mit einer parabolischen Richtantenne oder einem Teleskop, angetrieben von einem Servomotor, den er mit Hilfe eines perfekten Chronometers steuert, beobachtet der Computer die exakte Bahn eines Sterns. (Diese Bahn zu korrigieren, liegt allerdings immer noch etwas außerhalb der Möglichkeiten eines durchschnittlichen Computers.)

Ein spezialisierter Computer kann mit dem Teleskop (oder einer Fernsehkamera in einem Satelliten) verbunden werden und Bilder von höchster Auflösung produzieren. Der Computer analysiert ferner die von Objekten im All ausgehende Strahlung, hilft bei der spektrographischen Forschung und analysiert Photoplatten – sogar solche, die lange vor der Erfindung des Computers belichtet wurden.

Ein Computer könnte aber auch «Space Invaders» mit dem Astronomen während dessen Mitternachtsimbißpause spielen.

4. Industrielle und militärische Anwendungen

Die spannendste Form der Eingabe und Ausgabe von Informationen findet statt, wenn der Computer NICHT mit Menschen in Kontakt steht, sondern mit der Welt da draußen selbst. Ein Computer kann den Herzschlag eines Menschen beobachten oder seine Temperatur messen und im Notfall den Arzt alarmieren. Das geschieht mit Hilfe eines Analog-Digital-Umsetzers. Das Gerät übersetzt analoge (kontinuierliche) Wellenformen in digitale (einzelne) Symbole. Es gibt tatsächlich schon geschlossene Programmabläufe (closed loop), die menschliches Eingreifen überflüssig machen und den Computer unabhängig handeln lassen. An diesem Punkt fangen übrigens viele Leute an, sehr nervös zu werden!

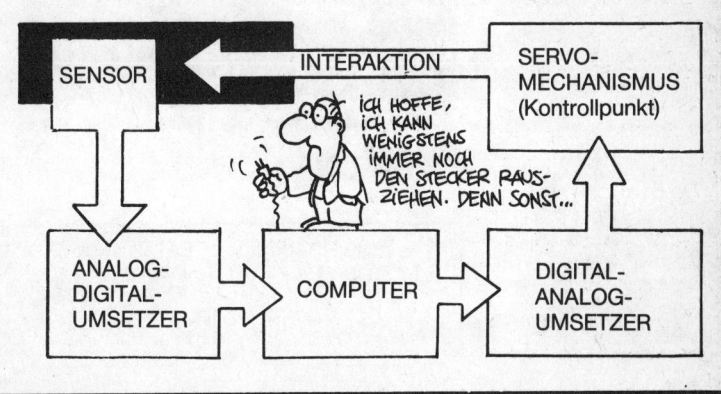

Die Umkehrung dieser Operation wird durch einen Digital-Analog-Umsetzer durchgeführt, der digitale Signale in Bewegungen, beispielsweise eines Kontrollventils, umsetzen kann. In einer Fabrik könnte zum Beispiel ein Computer programmiert sein, fortwährend die Maschinentemperaturen und andere wichtige Faktoren in der Produktion zu überwachen und die Kontrollventile entsprechend zu steuern, damit Störungen im Produktionsablauf verhindert werden.

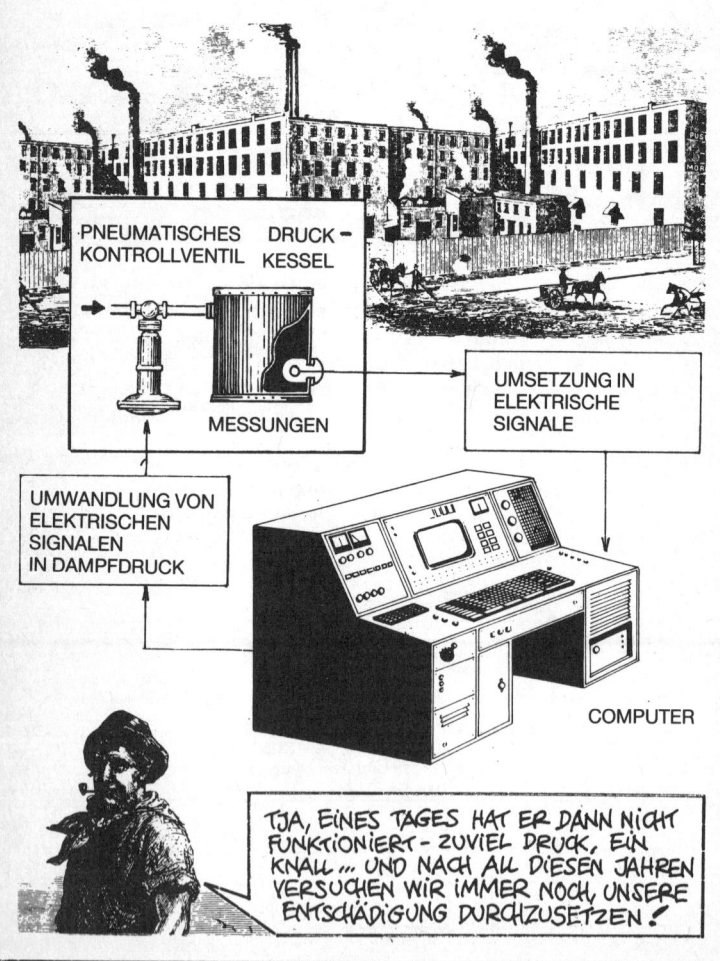

PNEUMATISCHES KONTROLLVENTIL

DRUCK-KESSEL

MESSUNGEN

UMSETZUNG IN ELEKTRISCHE SIGNALE

UMWANDLUNG VON ELEKTRISCHEN SIGNALEN IN DAMPFDRUCK

COMPUTER

TJA, EINES TAGES HAT ER DANN NICHT FUNKTIONIERT – ZUVIEL DRUCK, EIN KNALL ... UND NACH ALL DIESEN JAHREN VERSUCHEN WIR IMMER NOCH, UNSERE ENTSCHÄDIGUNG DURCHZUSETZEN!

Die Anwendung in der Industrie unterscheidet sich von der Anwendung zu kommerziellen und wissenschaftlichen Zwecken dadurch, daß der Computer direkt dazu benutzt wird, Maschinen zu steuern. Das heißt, die Ausgabe des Computers erfolgt in Form von Signalen, die in mechanische Bewegungen umgewandelt werden. Normalerweise wird auch die Eingabe, die ebenfalls aus mechanischen Bewegungen besteht, in Signale umgeformt. Nehmen wir zum Beispiel ein computergesteuertes Ventil mit einem Sensor, der den Ventildruck registriert. Der Computer empfängt ein elektrisches Signal, das den Druck übermittelt. Es handelt sich dabei um ein analoges Signal, das heißt, es schwankt auf einer kontinuierlichen Skala zwischen 0 und 10. Da der Computer jedoch binär rechnet, muß das Signal, um verarbeitet zu werden, erst in binäre Zahlen umgeformt werden, sagen wir in eine binäre Zahl in der Spannbreite von 0 bis 1000.

Der Computer stellt jetzt vielleicht fest, daß durch das Ventil zuviel flüssige Paste fließt, und deshalb sendet er ein Steuerungssignal aus, daß das Ventil geschlossen werden muß. Das Signal muß bei dem elektronisch gesteuerten Ventil allerdings in analoger Form ankommen, also muß das vom Computer ausgesandte Signal von einem Digital-Analog-Umsetzer umgewandelt werden. Der Computer arbeitet hier wie ein Thermostat. Auf diese und andere Weise steuern Datenverarbeitungsanlagen ganze industrielle Prozesse, zum Beispiel in Chemiewerken. Atomkraftwerken und anderen schönen, neuen Werken.

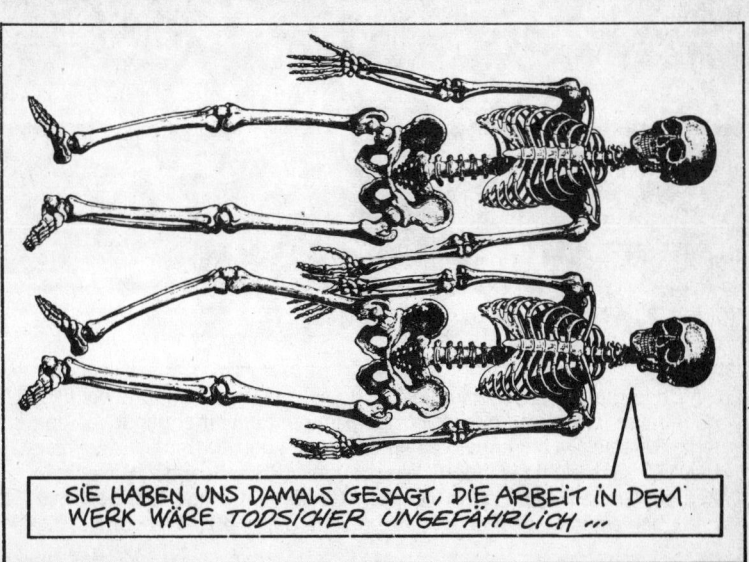

SIE HABEN UNS DAMALS GESAGT, DIE ARBEIT IN DEM WERK WÄRE *TODSICHER UNGEFÄHRLICH* ...

Computer können ganze Batterien von Ventilen und Schaltern überwachen und steuern. In computerisierten Werken braucht man kaum noch Leute – nur noch ein paar Spezialisten im Steuerraum (von wo aus der Computer ausgeschaltet werden kann, sollte einmal eine Störung auftreten). Eine andere industrielle Anwendung von Computern liegt im Bereich der Automation. Diese Rechner verändern schon heute drastisch die traditionellen Fließbänder in den Fabriken.

Die Steuerung von Maschinen durch Computer ohne jede Beteiligung von Menschen stellt heute die traditionellen Ansichten über das Verhältnis von Mensch und Maschine gründlich in Frage.

WENN DIE ARBEITSLOSEN EURE AUTOS NICHT MEHR BEZAHLEN KÖNNEN, WARUM SAGT IHR DANN NICHT EUREN VERDAMMTEN COMPUTERN, SIE SOLLEN EURE VERFLUCHTEN BLECHKISTEN KAUFEN!

Ein Computer kann selbst immer nur Entscheidungen aufgrund der Eingabedaten fällen. Und er befolgt dabei immer nur vorher genau festgelegte Befehle. Da hat er gar keinen Spielraum, und von sich aus kann er die Welt auch nicht verändern. Werkzeuge wie Staubsauger, Rasenmäher, Kaffeemaschinen oder Elektroherde können Dinge tun, doch sie brauchen einen Menschen, der sie bedient. Sie sind Tu-Werkzeuge, die aber auch mit Computer-«Gehirnen» ausgestattet werden können. Computer sind Denk-Werkzeuge, die körperliche Handlanger brauchen, um außer zu «denken» überhaupt etwas tun zu können. Nun könnte man aber sagen, Computer erlangen selbst mechanische Kräfte, indem sie den Körper eines Staubsaugers, eines Rasenmähers oder anderer Geräte in Besitz nehmen – und zwar als in diese Werkzeuge eingebaute «Gehirne».

Erinnert ihr euch an HAL, den Computer aus «2001 – Odyssee im Weltraum»? HAL war nicht nur so mächtig, weil er ein hochentwickeltes Elektronengehirn war, sondern vor allem, weil er das Raumschiff, in dem er (oder sie?) und die Astronauten durch das All rasten, steuerte und kontrollierte.

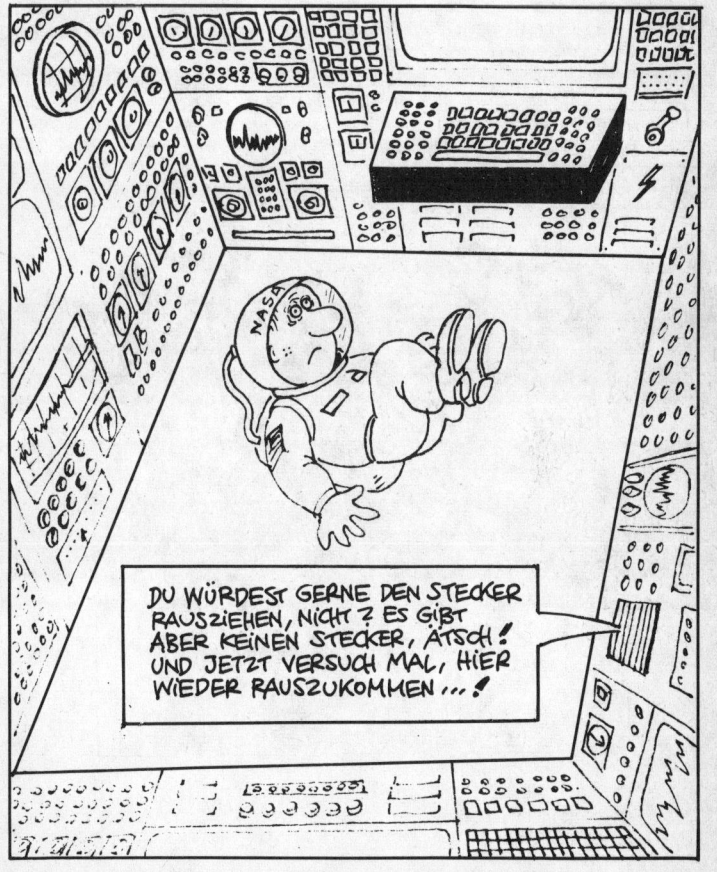

Eingebaut in alltägliche Gebrauchsgegenstände, kann ein Computer den lästigen Prozeß des Nachdenkens und Entscheidens überflüssig machen. In einer Waschmaschine mißt er die Temperatur der Seifenlauge und das Gewicht der schmutzigen Wäsche und wählt dann die optimale Waschzeit und Temperatur, damit alles auch wieder schön sauber wird.

Ein Computer kann so programmiert werden, daß er die (für die meisten von uns wahrscheinlich vollkommen mysteriösen) Vorgänge im Inneren eines Automotors total im Griff hat. Ein Computer könnte den ganzen Haushalt schmeißen – und unser Leben darauf reduzieren, ständig irgendwelchen vollautomatischen Besen auszuweichen oder immer wieder überrascht zur Kenntnis zu nehmen, daß es Zeit ist fürs Licht, für die Heizung, die Klimaanlage oder fürs Fernsehen.

Eingebaut in Kameras, nimmt der Computer uns all das ab, was wir früher sowieso immer falsch gemacht haben: Entfernung und Belichtung einstellen und was ein Fotograf sonst noch zu tun hat. Das Motiv muß man allerdings immer noch selbst wählen – also macht nicht den Computer verantwortlich für die hirnrissigen Urlaubsfotos, die dabei rauskommen.

132

In einigen Fällen, in denen Computer Geräte steuern (in der Industrie, zu Hause oder sonstwo), erledigt ein irrsinnig teurer und komplizierter Rechner auch nur die Aufgaben einer einfachen Schaltuhr oder eines Thermostats – das allerdings mindestens genauso perfekt, versteht sich. Manche Leute nennen auch solchen Unsinn noch Fortschritt.

Computer sind oft nur neue, interessante Spielzeuge für die waffengeilen, kindischen Steuergeldverschwender in den Verteidigungsministerien dieser Welt.

In Verbindung mit Radargeräten und Infrarotsensoren gehört ein Computer zur Standardausrüstung eines normalen Panzers. Er kann Geschwindigkeiten und Entfernungen vergleichen und sogar die Form eines Zielobjektes analysieren. Der Rechner kann so zum Beispiel zwischen einem feindlichen Tank und einer Menschengruppe unterscheiden. Aufgrund dieser Werte wählt er die angemessene ballistische Bahn und die richtige Munition aus (um einen Panzer zu knacken braucht man andere Munition als gegen ungeschützte Zivilisten) und bestimmt den Zeitpunkt des Feuerns. Während des Vorgangs korrigiert er ständig die Flugbahnberechnungen, wenn sich der Panzer und/oder das Ziel bewegen.

Im Armee-Hauptquartier können Computer all die halbgebildeten Offiziere in den Schreibstuben ersetzen, die ganze Verwaltungsarbeit übernehmen und helfen, die logistischen Probleme zu lösen. Sie können Nachschub und Truppen dahin dirigieren, wo sie am dringendsten benötigt werden.

In einer vom Boden abgefeuerten Flugabwehrrakete bekommt ein eingebauter Computer über verschiedene Sensoren ständig neue Daten, die er vergleicht und aufgrund derer er den Kurs des Flugkörpers dirigiert. Der Computer verarbeitet Informationen über die Bewegungen des Zielobjekts, die Fluggeschwindigkeit, den äußeren Luftdruck und den Zustand des eigenen Antriebs.

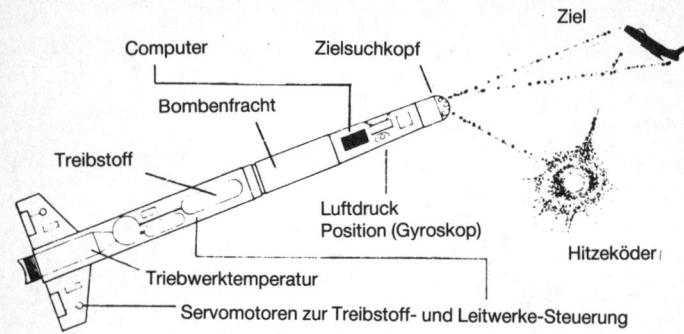

Computer   Zielsuchkopf   Ziel

Bombenfracht

Treibstoff

Luftdruck
Position (Gyroskop)

Hitzeköder

Triebwerktemperatur

Servomotoren zur Treibstoff- und Leitwerke-Steuerung

Das feindliche Flugzeug könnte versuchen, durch ein Thermalflimmern die Infrarotsensoren der Rakete zu verwirren. Doch der Computer empfängt noch immer das Radarecho des Jets und über einen optischen Sensor sein «Bild». Da er außerdem von den Thermaltarnungen «weiß», wird er deshalb die Flugbahn nicht korrigieren. Und dann der Volltreffer: Das Flugzeug birst auseinander, und der Pilot stirbt.

Die nuklearen «Verteidigungssysteme» werden von Computern gesteuert, die mit einem weiten Netz von Radarstationen verbunden sind. But nobody is perfect, auch so ein Computersystem nicht. Manchmal gibt es atmosphärische Störungen oder Fehler im Radarsystem oder auch im Computer selbst (ihr erinnert euch an die bugs?), und dann halten die Computer einen Wildgänseschwarm über Wladiwostok für sowjetische Raketen mit Kurs auf Ronnies Ranch in Kalifornien. Wenn nun alle Sicherungen (die es zum Glück noch gibt) versagen, dann löst der Computer den laut seinem Programm vorgesehenen Gegenschlag gegen die UdSSR (und Polen und die ČSSR und Ungarn und Rumänien und Bulgarien und die DDR und auch Vietnam und Kuba und die Mongolei – ist ja alles ein Aufwaschen) aus.

Das läßt sich der Genosse Computer in der Sowjetunion natürlich nicht bieten, und so löst er seinerseits den Gegenschlag aus. Und das kann er sogar noch, nachdem die Menschen bereits verglüht sind. Dieses tolle Friedenserhaltungssystem wird übrigens von den Militäringenieuren «MAD» genannt – und das ist es ja wohl auch. (MAD steht für «Mutually Assured Destruction», was «gegenseitig garantierte Vernichtung» heißt. Ach ja, und für die, die nicht so gut Englisch können: **mad** heißt auf deutsch wahnsinnig.)

Die computerisierte Kriegführung hat den Krieger eigentlich überflüssig gemacht. Falls es mal so weit sein sollte – beabsichtigt oder aus Versehen –, kann er in seiner gemütlichen Bundeswehrkaserne oder den U.S. Army Barracks bleiben. Welch ein

Fortschritt: keine Quälerei mehr mit Rucksack, Gewehren, Bajonetten und Blasen an den Füßen, kein Robben durch Matsch und Schnee mehr, keine Schützengräben mehr ausheben, keine russischen Winter . . . diesmal werden alle gleich sein – schnell und hygienisch sauber zu Tode gegrillt, im Bett, Büro oder der Kaserne. Das ist wahre Demokratie! Gelobt sei der Computer, der das alles erst möglich macht!

Aber noch ist es ja nicht soweit. Doch der Computer erobert die Welt, das steht fest. Und eben nicht nur die zivile – damit ließe sich ja vielleicht gerade noch leben –, sondern vor allem die militärische: auf Land und zur See, in der Luft und zunehmend auch im All. Wie heißt das doch gleich? Genau: «Star Wars».

5. Warum überhaupt einen Computer benutzen?

Die drei Anwendungsgebiete für Computer, von denen wir bisher gesprochen haben (wissenschaftlich, kommerziell und industriell), sind Bereiche, in denen der Computer nur Aufgaben übernimmt, die auch von Menschen erfüllt werden könnten, wenn vielleicht auch nicht so gut. In der Wissenschaft bräuchten Menschen zu lange, um die ganzen Berechnungen zu machen, und hier bedienen wir uns der enormen Rechengeschwindigkeit des Computers; im Geschäftsleben und der Verwaltung nutzen wir das schnell abrufbare Gedächtnis des Computers; und in der Produktion profitieren wir von den schnellen Ein- und Ausgabegeräten des Computers und seiner großen Zuverlässigkeit. Die Aufgaben, die der Computer dem Menschen abnimmt (oder raubt?), sind relativ mechanische. In der Wissenschaft und im Geschäftsleben spielt er die Rolle eines sehr guten Buchhalters, in der Industrie spielt er die Rolle eines hochentwickelten Thermostats, und beim Militär spielt er die Rolle des perfekten Soldaten.

Dies ist eine unvollständige Liste traditioneller Antworten auf die Frage «Warum soll man einen Computer einsetzen?» und eine Zusammenfassung der Gründe, aus denen der Einsatz eines Computers für wünschenswert gehalten wurde und wird. Computer bieten:

1. Kostensenkungen in der Produktion und bei den Dienstleistungen
2. Effizienteren Einsatz der Ressourcen (keine Frühstückspause)
3. Effizienteren Einsatz der Geldmittel
4. Senkung der Personalkosten
5. Verkürzung der Lieferzeiten
6. Besseren Kundendienst
7. Genauere und schnellere Situationsbeurteilung und Entscheidungsfindung durch das Management
8. Genauere Feststellung der Arbeitseffizienz
9. Besseren Informationsfluß innerhalb des Unternehmens
10. Erleichterung der Planung und Produktionserweiterung
11. Erleichterung der Buchhaltung
12. Steigerung der Genauigkeit, Geschwindigkeit und Zuverlässigkeit
13. Allgemeine Hebung der Arbeitsmoral
14. Verbessertes Firmenimage
15. Reduzierung von Streiks

Diese Auflistung reflektiert die Mentalität der Gesellschaftsgruppe, die ihre ohnehin schon zentralisierte Macht weiter vergrößern will. Der Computer ist traditionell ein Werkzeug des Big Business, des Großen Bruders, der starken Männer . . .

JEDER MENSCH IST UNSCHULDIG, BIS ER RECHTSKRÄFTIG VERURTEILT WURDE! UNSCHULDIG, UNSCHULDIG, UNSCHULDIG!

HALT'S MAUL, BK 525 383! UNSER COMPUTER HAT DICH SCHON LÄNGST ALS SPURLOS VERSCHWUNDEN GESPEICHERT!

Der Computer in seinen traditionellen Anwendungen löst bei vielen Menschen dieselben Ängste aus wie die Polizei, der Gerichtsvollzieher oder das Militär – als Instrument zur Anpassung des Durchschnittsbürgers an den Willen einer machthungrigen Minderheit!

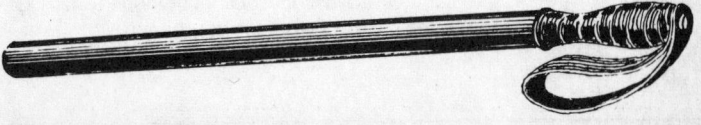

6. Wandel im Computergebrauch

Heutzutage werden Computer in einer Reihe neuer Felder eingesetzt, die sich radikal von den traditionellen Anwendungsgebieten unterscheiden. Die Gründe dafür sind:

1. Der Preis für Computer ist gesunken, so daß sie jetzt von Leuten, die sie sich vorher nicht leisten konnten, zu völlig neuen Zwecken benutzt werden können.
2. Ihr Rechentempo ist höher geworden; Routineaufgaben, für die ein Mensch Stunden braucht, können sie in Sekunden erledigen.
3. Größe und Energiebedarf sind drastisch verringert worden. Man braucht heute keine klimatisierten Räume mehr, um einen Computer unterzubringen; er funktioniert sogar im Auto.
4. Auch in anderen Bereichen – wie dem Telefonsystem, dem Fernsehen (Teletext) oder der Tonaufzeichnung (Digitalaufnahme und -wiedergabe) – wird jetzt digital gearbeitet, wodurch die Integration von Computern wesentlich leichter wird.
5. Die Programme sind immer besser geworden und ermöglichen den Einsatz von Computern in ganz neuen Bereichen.
6. Andere Disziplinen, wie die Psychologie, Philosophie, Linguistik, haben begonnen, mit der Informatik zusammenzuarbeiten. Wir können heute den Menschen studieren, wie er bestimmte Dinge tut, und dann durch Computer imitieren lassen.

Diese logischen Entwicklungen in der Informationstechnologie können radikale Auswirkungen auf die Art und Weise haben, wie Menschen Computer sehen. Der Computer wird entmystifiziert – viele Leute haben inzwischen mal einen gesehen, ihn benutzt oder mit ihm gespielt. (Einigen ist es auch gelungen, ein Computersystem reinzulegen und einen Reibach zu machen, so wie der Gauner alter Schule die Polizei und die Gerichte reinlegt.)

Es ist richtig, daß normale Menschen noch immer wenig Einfluß auf den Einsatz von Computern haben. Dennoch ist das Monopol der «großen» Computerbenutzer beendet. Mittlere und kleinere Organisationen, die sowohl die Interessen der Leute als auch der Institutionen im Auge haben, lassen den Computer in neue Territorien vordringen.

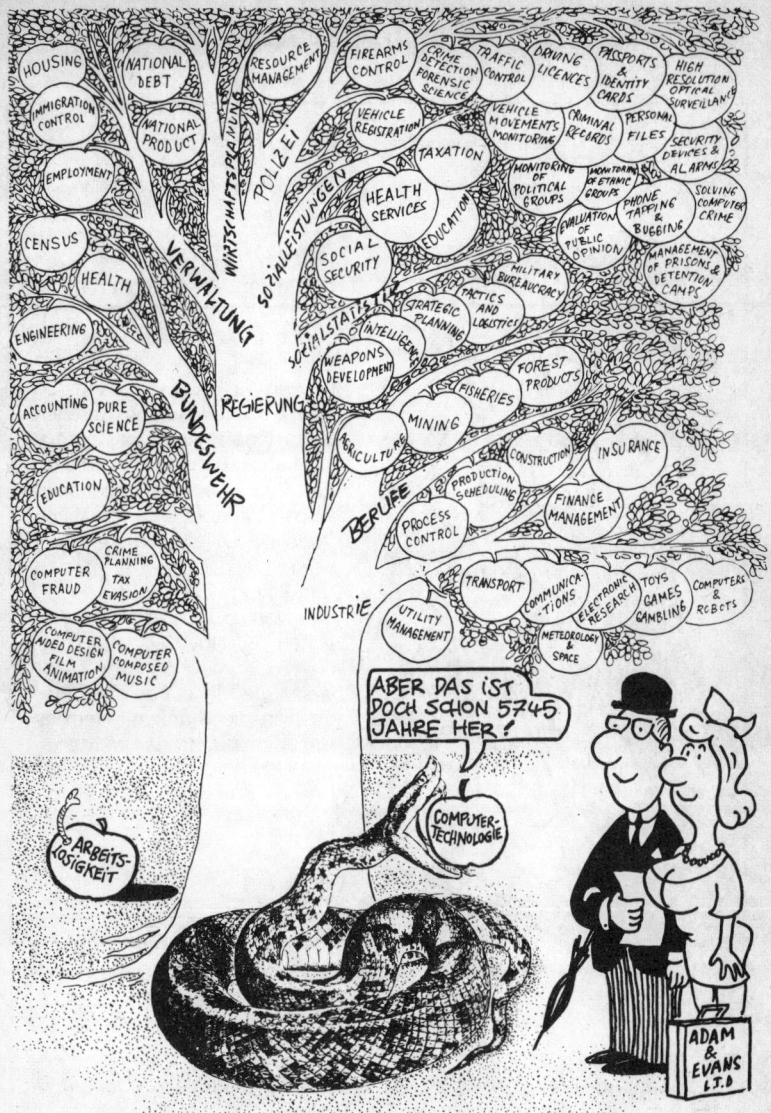

DA SPRACH DIE SCHLANGE ZUM WEIBE: IHR WERDET MIT-
NICHTEN DES TODES STERBEN; SONDERN GOTT WEISS, DASS,
WELCHES TAGES IHR DAVON ESSET, SO WERDEN EURE
AUGEN AUFGETAN, UND WERDET SEIN WIE GOTT, UND WISSEN
WAS GUT UND BÖSE IST. (1. MOSES 3)

7. Medizinische Anwendungen

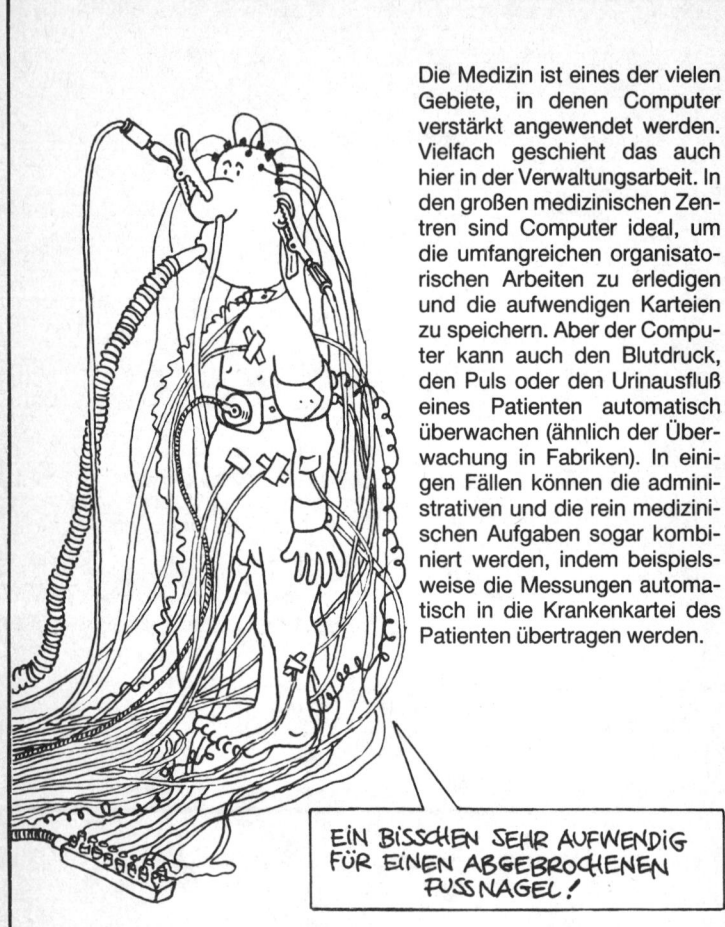

Die Medizin ist eines der vielen Gebiete, in denen Computer verstärkt angewendet werden. Vielfach geschieht das auch hier in der Verwaltungsarbeit. In den großen medizinischen Zentren sind Computer ideal, um die umfangreichen organisatorischen Arbeiten zu erledigen und die aufwendigen Karteien zu speichern. Aber der Computer kann auch den Blutdruck, den Puls oder den Urinausfluß eines Patienten automatisch überwachen (ähnlich der Überwachung in Fabriken). In einigen Fällen können die administrativen und die rein medizinischen Aufgaben sogar kombiniert werden, indem beispielsweise die Messungen automatisch in die Krankenkartei des Patienten übertragen werden.

EIN BISSCHEN SEHR AUFWENDIG FÜR EINEN ABGEBROCHENEN FUSSNAGEL!

Ein dritter Anwendungsbereich liegt in der Röntgenologie, wo Computer die Arbeit effektiver und für den Patienten weniger strahlengefährlich machen können. Ferner werden Mikrocomputer in medizinische Hilfsmittel wie Herzschrittmacher eingebaut, wo sie für die lebenswichtige Genauigkeit aller Funktionen sorgen.

Am revolutionärsten aber sind die medizinischen Expertensysteme, die in der Diagnose eingesetzt werden. Computer sind mit allem Wissen, das ein Arzt über eine Krankheit haben kann, gefüttert und können nun wie ein Doktor aufgrund der Symptome eine Diagnose stellen. MYCIN ist so ein Programm, das zur Diagnose von Blutinfektionskrankheiten dient. Es sammelt im Dialog mit einer Krankenschwester oder einem Arzt alle möglichen Informationen über den betreffenden Fall. Nachdem er genügend Daten hat, listet der Computer die Organismen auf, die für die Symptome verantwortlich sein könnten. Dann schlägt er die «seiner Meinung» nach beste Therapie vor (das heißt eine bestimmte Dosis eines bestimmten Antibiotikums).

GENAU WIE UNSER COMPUTER VORHERGE-SAGT HAT: ES IST EIN BABY!

KREISS-SAAL

Darüber hinaus kann MYCIN dem Arzt sogar noch mitteilen, wie es zu seiner Schlußfolgerung gekommen ist, da das Programm seinen «Denk»-prozeß Schritt für Schritt festhält und so dem Arzt die Möglichkeit gibt, ihn nachzuvollziehen. MYCIN überprüft jede mögliche Hypothese, indem es versucht, die Eingabedaten mit den 300 gespeicherten Regeln in Übereinstimmung zu bringen, die das Wissen eines menschlichen Experten darstellen.

EINE TYPISCHE MYCIN-REGEL

Regel 88 Wenn

der Infektionstyp primär-bakteriell ist
sich der vermutliche Eintrittspunkt im Magen-Darm-Trakt befindet
die Kultur sich an einem der sterilen Orte befindet dann deutet es darauf hin, daß der Organismus Bakterioide ist.

Der Mensch begegnet MYCIN in drei Funktionen:

1. Der Benutzer als Klient: MYCIN gibt Antworten auf Anfragen.

2. Der Benutzer als Tutor: verbessert oder vermehrt das Wissen des Systems.

3. Der Benutzer als Schüler: MYCIN als Quelle des Wissens für Ärzte in der Ausbildung.

Auf diese Weise erfüllt MYCIN nicht nur die traditionelle Aufgabe eines Computersystems (die Fragen eines Klienten beantworten), sondern es erklärt auch und fördert die Wissensbildung von Menschen.

8. Auf dem Weg zur künstlichen Intelligenz

MYCIN ist das gelungene Produkt einer neuen Forschungsrichtung, die künstliche Intelligenz genannt wird. In den vergangenen 25 Jahren wuchs diese Disziplin irgendwo zwischen der Psychologie und der Informatik heran. Das kommt daher, daß die Forscher in diesen Bereichen nur eins im Sinn haben: Sie wollen, daß Computer Sachen machen, die Grips erfordern, wenn Menschen sie tun, das heißt, daß man dazu visuelle Wahrnehmungsfähigkeit, Verständnis des gesprochenen Wortes, Sprachkenntnisse, Talent zum Spiele spielen oder so was in der Art besitzen muß.

In der ersten Forschungsphase wurde bald deutlich, daß die Entwicklung eines intelligenten Computers etwas länger dauert als die neun Monate, in denen ein intelligenter Mensch geboren wird. Den Forschern wurde klar, daß hinter den menschlichen Fähigkeiten, die gemeinhin als intelligentes Verhalten gelten, eine Unmenge Wissen steht, das auf den ersten Blick gar nicht für eine bestimmte Handlung notwendig zu sein scheint. Die künstliche Intelligenz eines Computers hängt also davon ab, wieviel von diesem Hintergrundwissen bekannt ist. Aber bisher ist es anderen Wissenschaften – wie beispielsweise der Psychologie – noch nicht gelungen, eine umfassende Analyse der Wissensgrundlagen menschlichen Verhaltens zu liefern.

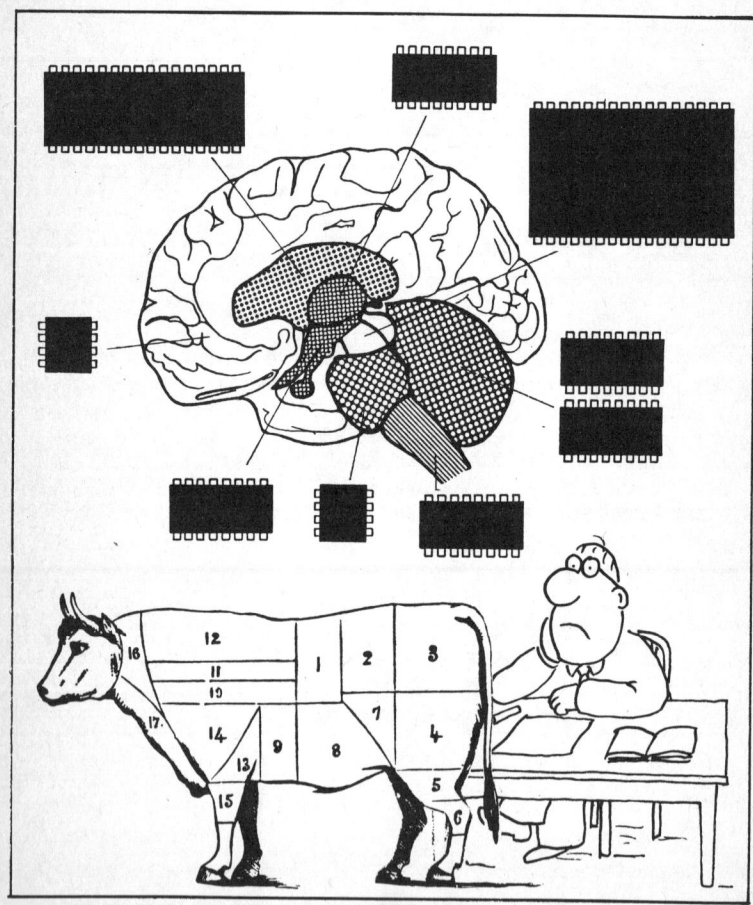

Konfrontiert mit diesem schier unüberwindlichen Dilemma, entschlossen sich die Wissenschaftler und ihre Finanziers – die für ihr Geld schließlich Resultate sehen wollten –, sich ganz auf den Teil menschlichen Verhaltens zu konzentrieren, der am angemessensten wohl als intellektuelles Verhalten bezeichnet wird. Dabei geht es um reines Fachwissen in einem bestimmten Bereich: Technik, Medizin, Recht usw. lassen sich ziemlich exakt aus dem ganzen Reichtum menschlichen Wissens herauskristallisieren.

Der Entschluß, sich nur mit einem Ausschnitt des menschlichen Wissens zu befassen, erleichtert die Suche der Forscher nach künstlicher Intelligenz und ermöglicht es ihnen, Systeme zu liefern, die in eingegrenzten Gebieten «intelligent» vorgehen können. Diese Programme heißen Expertensysteme, und MYCIN ist eins von ihnen. Inzwischen geht die Suche nach der allumfassenden künstlichen Intelligenz weiter und weiter und . . .

9. Computer in der Bildung

Die Kosten und Beschränkungen früherer Computer vor Entwicklung der Mikrocomputer hatten zur Folge, daß sie in der Bildung wie in allen anderen Bereichen nur zum Nutzen einer kleinen Minderheit eingesetzt wurden. In diesem Fall als elektronisches Hilfsmittel für die Lehrer:

. . . um im Unterricht etwas zu demonstrieren

. . . um die Verwaltungsarbeit zu erleichtern

. . . um Schülern etwas einzupauken

. . . um Schüler zu prüfen.

Man nannte das Computer Assisted Instruction (CAI – auf deutsch: rechnergestütztes Unterrichten) und Computer Assisted Learning (CAL – computergestütztes Lernen). Die Lehrer träumten vom «programmierten Lernen», von Programmen, die den Lernprozeß der Schüler steuerten und kontrollierten. Es gibt ja die Legende, alles Neue, eine neue Technologie zum Beispiel, sei fortschrittlich. Diese Form des Computereinsatzes in der Bildung ist meiner Meinung nach allerdings alles andere als progressiv, denn die ersten Versuche mit Computern in der Schule führten vom eher schülerorientierten Unterricht zum lehrerorientierten Unterricht.

Glücklicherweise wurden durch die neuen, billigeren Computer andere Anwendungsbereiche in der Bildung entdeckt. Professor Seymour Papert hat beispielsweise eine nette neue Programmiersprache, genannt LOGO, entwickelt, mit der Kinder ganz einfach mit einem Computer umgehen können, so daß sie auf diesem Wege sowohl Spaß an der Computerei haben, als auch dabei lernen.
Auf diese Weise programmieren die Kinder den Computer, um eine bestimmte Aufgabe auszuführen, und nicht andersrum. LOGO kann beispielsweise dazu benutzt werden, ein kleines mechanisches Tier zu steuern, das «Schildkröte» genannt wird. Eine Computerbildschirm-Version davon ist heute bei Kindern, die mit ihr spielen dürfen, sehr beliebt.

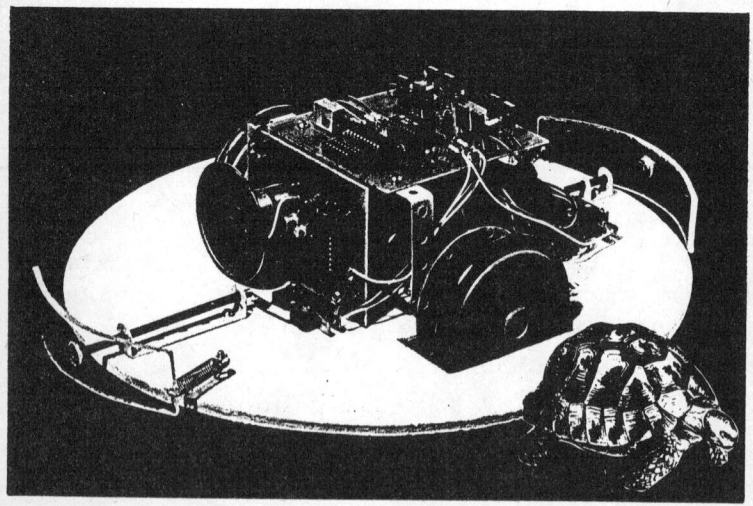

Ferner hat die Entwicklung der künstlichen Intelligenz zur Produktion automatischer Lehrer geführt, die Schülern ebenso gut helfen können wie gute Pauker aus Fleisch und Blut. Einem Kind, das bei der Rechenaufgabe

$$\begin{array}{r} 102 \\ -\ \ 48 \\ \hline 64 \end{array}$$

rauskriegt, ist nicht damit geholfen, daß der Computer «falsch, falsch, falsch» blinkt – genausowenig wie ihm geholfen ist, wenn ein Lehrer nur «falsch, falsch, falsch» sagt.

Wenn dem Kind allerdings erklärt wird, es habe die «geborgte Zehnerstelle» beim Weiterrechnen vergessen, dann ist das nicht nur hilfreicher, sondern auch weniger erniedrigend. Intelligent Tutoring System (ITS) zum Beispiel, ein intelligentes Lehrsystem, tut genau das.

ZUM SCHUMMELN BEI KLASSENARBEITEN GEHT ABER IMMER NOCH NICHTS ÜBER EINE KLATSCHE AUS PAPIER!

10. Schlußfolgerungen

In diesem Kapitel haben wir gesehen, wie Computer auf verschiedenen Gebieten benutzt werden. Ob ein Computer «gut» eingesetzt wird oder nicht, hängt von den Absichten ab, die dahinterstecken. «Soll er helfen, uns zu lenken, oder soll er uns helfen, selbst zu lenken?» Das ist hier die Frage!

Der Computer und der Mensch

1. Computer in jedem Heim
2. Mit dem Computer leben lernen
3. Die Computer der fünften Generation
4. Kann eine Maschine denken?
5. Folgen für das Selbstbild
   des Menschen
6. Maschinenintelligenz und
   menschliche Fähigkeiten
7. Unmittelbare Gefahren
8. Schöne neue Computerwelt

1. Computer in jedem Heim

Mitte der siebziger Jahre hatten die Computer sich zu ihrer jetzigen Form entwickelt (bekannt als die Computer der vierten Generation). Sie basierten auf large-scale integration in sehr kleinen Einheiten, bekannt als Chips. Computer drangen jetzt in ganz neue Bereiche des modernen Lebens vor. Allerdings war ihr Einfluß noch gar nicht so weltbewegend. Bei der Hardware gab es keine weiteren Entwicklungen, die Software war kompliziert, und es dauerte seine Zeit, Leuten das Programmieren beizubringen und die neue Gruppe der Computerfachleute zu produzieren. Noch immer dienten Computer in erster Linie dazu, auf herkömmliche Art Verwaltungsarbeit zu erleichtern. Computer waren teuer, und ihre Besitzer gehörten nicht zu den experimentierfreudigsten Leuten.

Doch dieser konservative Trend wurde plötzlich radikal verändert, als zwei kluge Kerlchen aus Kalifornien einen kleinen und billigen, aber dennoch robusten und flexiblen Computer bauten – den Apple II. Der Apple und viele andere Kleincomputer revolutionierten die Szene. Jetzt konnten sich plötzlich viele Leute einen Computer leisten. Apple II, VIC 20, Commodore 64 und Sinclair 2x81 kannte bald jedes

Kind (und wie es bald schien: vor allem Kinder). All das bedeutete, daß es keine Kontrolle über die Anwendungsgebiete von Computern mehr gab. Es machte sich dasselbe Gefühl breit wie damals, als das Radio die Wohnstuben eroberte.

«Bauen wir unseren eigenen Computer», war die erste Parole. Eine gute Sache, da eine Menge Leute mitkriegten, daß gar nicht so viel dabei war. Dann hieß es: «Schreiben wir unsere eigenen Programme!» Und wieder merkten die Leute, daß sie die neuen Dinger selbst zu nützlichen Helfern machen können. Und ganz nebenbei machten viele der neuen Do-it-yourself-Programmierer sogar noch Geld, indem sie ihre eigenen Programme weiterverkauften. Kinder wurden zu Millionären, indem sie Spielprogramme schrieben und in ganz großem Stil verscherbelten. That's the American way, allright!

Und dann kam die nächste Welle: die Meiers-haben-jetzt-auch-einen-Computer-also-brauchen-wir-auch-einen-Welle. Ein Huhn in jeden Topf, ein Computer in jedem Heim! Inzwischen haben Millionen Leute ihren eigenen kleinen Compi, mit dem sie spielen, spielen, spielen. Es soll aber auch Leute geben, die ihre Computer richtig programmieren, so daß sie manch nützlich Ding tun. Doch gedenken wir auch all der armen Compis, die in irgendwelchen dunklen Ecken gelandet sind, neben dem Hulahopp-Reifen und den Joggingschuhen.

Wie dem auch sei – die Leute verlieren ihre Angst vor den elektronischen Wunderkästen. Und auch der Zauber verfliegt: Computer werden zu praktischen Alternativen zu Papier und Bleistift, Schreibmaschine, Leitzordnern, Rechenmaschinen und simplen Videospielen.

2. Mit dem Computer leben lernen

Die neue Verfügbarkeit von Computern und die Überzeugung, daß sie in Zukunft in immer neue Bereiche vorstoßen werden, hat beständig das Interesse anwachsen lassen, den Umgang mit dem Computer zu lernen. Die Regierungen der westlichen Welt fördern das so, wie die Regierungen der Dritten Welt die Alphabetisierungskampagnen in ihren Ländern fördern. Es gilt als gute Sache, zu wissen, wie Computer programmiert werden, und schon werden auch an den Schulen Programmierkurse angeboten. Trotz allgemeiner Kosteneinschränkungen im Bildungssektor treiben die Regierungen die Ausbildung an Computern weiter voran – auf Kosten der traditionellen geisteswissenschaftlichen Fächer.

Mit der Alphabetisierung hat die Vermittlung von Programmiersprachen allerdings wenig gemein. Es stimmt zwar, daß Computer Sprachen sprechen, doch ihr verbaler Reichtum ist im Vergleich zu menschlichen Sprachen sehr begrenzt. Außerdem ist der Gesprächspartner, mit dem man sich in einer menschlichen Sprache unterhält, intelligent (mehr oder weniger), während Computer, vor allem die billigen, kleinen Dinger zu Hause, davon noch weit entfernt sind. Sie sind überhaupt nicht flexibel darin, was sie als «korrekte» Eingabe akzeptieren. Das bedeutet, daß wir lernen, uns an die Beschränkungen der Maschine anzupassen. Außerdem sind wir gezwungen, unsere Gedanken in Begriffe zu fassen, die für uns unnatürlich sind.

WENN DER HERRGOTT GEWOLLT HÄTTE, DASS WIR MIT COMPUTERN REDEN, HÄTTE ER UNS ZWEI FINGER GEGEBEN ANSTATT ZEHN!

Im Prozeß der Interaktion zwischen einem Menschen und einem Computer wird sich letztlich der Mensch verändern. Denn die Menschen neigen sehr zur Anpassung. Sie haben sich schon infolge anderer technischer Entwicklungen verändert.

Eine Straße bei dichtem Verkehr zu überqueren, hat der Mensch durch Erfahrung gelernt. Computern ist dagegen bisher noch nicht beigebracht

WIE SOLL ICH DAS JEMALS LERNEN ?!

worden, wie man lernt, und deshalb haben **wir** uns an die Grenzen unserer gegenwärtigen Werkzeuge angepaßt. Wir werden durch unsere Werkzeuge umgemodelt, wie einst die Menschenaffen sich durch ihre primitiven Hilfsmittel veränderten. Doch diesmal wandelt sich nicht unser Körper, sondern unser Geist.

Das Eindringen des Computers in alle Lebensbereiche, die beiläufige Akzeptanz in immer breiteren Bevölkerungskreisen, die Selbstverständlichkeit, mit der der Computer unser Leben zu bestimmen beginnt – all das könnte dazu führen, daß die Leute den Computer hinnehmen, wie er ist, ohne Fragen zu stellen. Und wer außen vor bleibt, wird sich selbst die Schuld geben, weil er noch nicht gelernt hat, mit dem Computer zu kommunizieren.

Allerdings gibt es auch viele Menschen, die mit Computern gearbeitet haben und die beginnen, sich über die Grenzen der Rechner zu beklagen. Diese Leute wollen, daß der Computer den Menschen akzeptiert, wie er ist, und nicht umgekehrt.

Doch kehren wir zu den beiden cleveren California boys zurück, die in ihrer Garage Computer bauten. Heute sind sie die Bosse eines Multi-Millionen-Dollar-Unternehmens. Sie waren rechtzeitig auf den abdampfenden Computerzug aufgesprungen und machten ein Vermögen. Ein anderer Held unserer Story, IBM, der Gigant unter den Rechnerfürsten, sah diesem munteren Garagentreiben zunächst eher amüsiert zu. Inzwischen allerdings scheint auch IBM beunruhigt zu sein – und fängt an, sich um den Markt der Personal Computer zu kümmern. Auch einen echten IBM gibt's jetzt schon für ein paar tausend Mark. Nicht gerade was für Klein Fritzchens Gabentisch, aber immerhin.

Doch auch für unsere Sunnyboys aus California zogen dunkle Wolken am Horizont. Aber so schnell lassen sich echte Surfer nicht von der Welle nach unten reißen: Sie kamen mit dem Macintosh, einem klugen Compi, dessen Betriebssystem unseren guten, alten Werkzeugen – wie Block, Bleistift und Ordner auf dem Schreibtisch – nacheifert. Zum Beispiel hat er einen Stift, mit dem man auf dem Bildschirm auf das Gebiet zeigen kann, das einen gerade interessiert. Es scheint, als habe nun auch der Computer einen ersten Schritt auf dem Weg zum Kompromiß getan.

3. Die fünfte Computergeneration

Im Jahre 1981 verkündeten die Japaner, sie würden bald Computer herstellen, die über ein gewisses Maß an Intelligenz verfügten. Das wäre dann in der Tat ein Sprung vorwärts, mitten hinein in die fünfte Computergeneration. Die Japaner entwarfen ein phantastisches Bild von Computern, die viele Operationen gleichzeitig ausführen, anders als die herkömmlichen arithmetischen Einheiten der heutigen Rechner. Diese Computer würden Schlußfolgerungen ziehen, um ein Problem zu lösen, und nicht penibel schrittweise Rezepten folgen müssen, um eine Aufgabe auszuführen. Und sie hätten zweifellos all die charmanten Züge der neuen Gattung von Computern wie Apple's Macintosh. Außerdem würden die elektronischen Bauteile dank der Very Large-Scale Integration (VLSI) auf noch engerem Raum untergebracht.

Die Ankündigung, intelligente Maschinen würden möglicherweise in den neunziger Jahren auf dem Markt sein, hat vielen Leuten kalte Schauer den Rücken runtergejagt. Seit 25 Jahren haben sich die Forscher an den Universitäten den Kopf darüber zerbrochen, wie man Computern Intelligenz einbleuen könnte. Sie haben eine ganz neue Forschungsrichtung entwickelt: die künstliche Intelligenz. Und jetzt soll das tatsächlich auf kommerzieller Basis passieren? Werden wir denn wirklich bald Computer kaufen können, die zu eigenen Gedankengängen fähig sind, die Gefühle haben, die ihre eigenen Herren sind? Wird Arthur C. Clarkes HAL bald Wirklichkeit sein?

Noch sind das offene Fragen, aber eins steht fest: Die Forscher und Ingenieure sind mit frischem Elan bei der Sache. Sie wollen die Computer der fünften Generation bauen, koste es, was es wolle. Der Westen hat die japanische Herausforderung angenommen (oder war es doch nur ein Bluff?). 350 Millionen Pfund haben die Briten lockergemacht, und die Amis stocken ihre ohnehin großzügigen Forschungsetats weiter auf – auf der Suche nach der künstlichen Intelligenz. Vielleicht ginge es uns besser, wenn sie einfach mal ihre natürliche benutzten!

NEIN, NATÜRLICH WILL ICH UNSEREN RUSSISCHEN KOLLEGEN NICHTS TUN. ICH WILL NUR EINE INTELLIGENTE BOMBE, DIE UNS VON ALL DIESEN FRIEDENS-DEMONSTRANTEN BEFREIEN KÖNNTE!

4. Kann eine Maschine denken?

Für mich ist es kein Problem zu sagen, eine Maschine könne «denken». Wir gebrauchen viele Begriffe metaphorisch, und so tun das die meisten Leute auch, wenn sie von Computern sprechen. Doch werden wir jemals die mitgedachten Gänsefüßchen ganz vergessen und die Begriffe für Mensch und Maschine mit gleicher Berechtigung gebrauchen können?

Alan Turing, den wir im ersten Kapitel vorgestellt haben, dachte darüber schon nach, bevor überhaupt der erste Computer gebaut war. Turing entwickelte einen Test, mit dem er feststellen wollte, ob Maschinen wirklich denken können. Er nannte ihn ein «Nachahmungs-Spiel», später wurde er als «Turing-Test» bekannt:

«Ich schlage vor, sich mit der Frage zu beschäftigen: ‹Können Maschinen denken?› . . . Ich werde die Frage durch eine andere ersetzen . . . Das Problem kann in eine neue Form gekleidet werden – in die Form eines Spiels, das wir das ‹Nachahmungs-Spiel› nennen. Es wird mit drei Personen gespielt: einem Mann (A), einer Frau (B) und einem Fragesteller (C), der entweder ein Mann oder eine Frau sein kann. Das Ziel des Spiels ist für den Fragesteller herauszufinden, welche der beiden Personen der Mann ist und welche die Frau ist.»

Turing stellte dann die Frage: «Was wird geschehen, wenn eine Maschine die Rolle von A in dem Spiel übernimmt?» Würde sich der Fragesteller jetzt genauso oft falsch entscheiden, wie wenn das Spiel mit einem Mann und einer Frau gespielt würde? Diese Fragen treten an die Stelle der ursprünglichen Frage: «Können Maschinen denken?»

WAS SOLL DAS? SIND COMPUTERSPIELE SCHON WIEDER UNMODERN?

1972 veröffentlichten Professor Colby und seine Mitarbeiter die Resultate ihrer Versuche mit einem Turing nachempfundenen Unterscheidungstest, mit dem sie ihr PARRY-Programm auf die Probe gestellt hatten. Es handelt sich bei dem Programm um eine Computer-Simulation, die ähnliche Verhaltensweisen wie menschliche Paranoia-Patienten aufweist. Die Psychiater, die den Computer vom Menschen unterscheiden sollten, konnten den Rechner nicht genau identifizieren, und Colby erklärte, der Versuch sei ein Erfolg gewesen. Es sind jedoch noch viele Fragen offengeblieben. Und es gibt auch einige Zweifel, ob der Turing-Test in diesem Fall überhaupt anwendbar war. PARRY gab zwar erfolgreich vor, paranoid zu sein, es war aber keine Hilfe bei der Erforschung der Paranoia, was offenkundig von großem Nutzen gewesen wäre. Der Test scheint also mehr über Psychiater auszusagen als über Computer oder die Paranoia!

Die Frage nach den Kriterien, was künstliche Intelligenz denn nun wirklich ausmacht, bleibt weiter offen.

Ob künstliche Intelligenz nun machbar ist oder nicht – eine Reihe von Leuten versprechen sich auf alle Fälle eine Menge davon, und deshalb stecken sie viel Geld in die Sache. Das U.S.-Verteidigungsministerium zum Beispiel. Diese Geldquellen haben den Schwerpunkt der Forschung allerdings ziemlich verlagert: von der Herausforderung, **die** Denkmaschine zu bauen, zur Entwicklung von Computersystemen, die den Interessen der Geldgeber nutzen.

ICH FRAGE MICH, OB DIE RUSSKI_ AUCH AN MILITÄRISCHEN ARTEN VON KÜNSTLICHER INTELLIGENZ ARBEITEN... ? OB ES IN MOSKAU WOHL AUCH GERADE REGNET... ?

In der Anfangsphase unserer Forschung wurde uns klar, daß sich das Wissen der Menschheit hinter der menschlichen Begabung verbirgt, die gemeinhin als intelligentes Verhalten bezeichnet wird. Ein großes Problem bei unserer Arbeit über die künstliche Intelligenz, das unsere Fortschritte in den ersten 25 Jahren sehr verlangsamt hat, war der Mangel an Erkenntnis, was das menschliche Wissen überhaupt ist. Aufgrund dieser Schwierigkeit haben wir unsere Aufmerksamkeit vor allem auf die Verhaltensform gerichtet, die als intellektuelles Verhalten zu bezeichnen ist. Es handelt sich dabei um die Art von Wissen, über die ein Spezialist auf seinem Gebiet verfügt. Diese Bereiche sind bereits in Fachjournalen genau abgesteckt und dokumentiert. Rechtswissen, geologische und mechanische Kenntnisse lassen sich beispielsweise leicht von den anderen Bereichen des gesammelten menschlichen Wissensschatzes abtrennen.

164

Die Entscheidung, sich nur mit einem kleinen Ausschnitt des menschlichen Wissens zu befassen, reduziert die Komplexität der Aufgabe, mit der die Forscher sich herumschlagen müssen. Und sie ermöglicht es ihnen, in vernünftigen Zeitspannen einige brauchbare Systeme anzubieten, während die grundlegenden Probleme der Intelligenzforschung langfristigen Projekten überlassen werden.

Wir können das (zumindest in den Augen solcher Leute wie Sir James Lighthill, der in den siebziger Jahren der britischen Regierung geraten hatte, kein Geld auf die künstliche Intelligenz zu verschwenden) offensichtliche Scheitern der künstlichen Intelligenz an der Tatsache messen, daß diese Forschungsrichtung einen Frontalangriff auf das Problem der menschlichen Intelligenz in seiner ganzen Breite führt und dabei nur sehr oberflächliche Erfolge vorweisen kann. Ihre Ergebnisse gehen zwar in die Breite, doch es mangelt ihnen erheblich an Tiefe.

Andererseits beruht der offensichtliche Erfolg der Expertensysteme (wie zum Beispiel MYCIN) darauf, daß sie nicht versuchen, alles auf einmal zu erreichen, sondern wichtige Teilerfolge zu erzielen. Die Expertensysteme umfassen zwar nur sehr eingegrenzte Gebiete, doch diese loten sie in aller Tiefe aus.

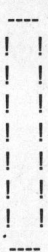

Viele Forscher hoffen, daß diese kleinen Erfolge langfristig auch dem Bemühen zustatten kommen werden, die Mysterien der menschlichen Denkprozesse im allgemeinen zu entschlüsseln.

Die Arbeit an der künstlichen Intelligenz findet auf einer ganzen Reihe von Gebieten statt: visuelle Wahrnehmung, Robotertechnik, verbale Kommunikation, Sprachkenntnisse, Expertensysteme, Maschinen-assistiertes Lernen, automatische Programmierung, Spiele spielen . . .

5. Folgen für das Selbstbild des Menschen

Es hat mal jemand gesagt, die Computertechnologie komme auf unsere Gesellschaft zu wie eine Lawine, die niemand aufhalten könne. Außerdem sei es müßig, zu diesem Zeitpunkt lange Diskussionen über ihre sozialen Folgen zu führen: Ob es uns nun passe oder nicht, daß in den Schulen mit Taschenrechnern gerechnet wird – das ändere nichts an der Tatsache ihrer weiten Verbreitung, und es sei einfach sinnlos geworden, ihren Gebrauch noch in Frage zu stellen.

EINIGE ENTDECKUNGEN SIND SEHR SCHMERZHAFT!

Die philosophischen Implikationen der Maschinenintelligenz sind von Anfang an Anlaß zu heftigen Kontroversen gewesen. Professor Margaret Boden hat zum Beispiel ausgeführt: «Die vielleicht größte Bedeutung des Computers liegt in seiner Auswirkung auf das Bild, das der Mensch von sich selbst hat . . . seinem Bild vom Universum und seinem Platz darin . . .»
Diese Position mißt den Auswirkungen der künstlichen Intelligenz die gleiche Bedeutung bei wie der Entdeckung Galileis, daß die Erde sich um die Sonne dreht, und der Theorie Darwins über die Verwandtschaft des Menschen mit anderen Spezies. An jedem dieser historischen Wendepunkte mußte das Ego des Menschen einen heftigen Dämpfer hinnehmen: im ersten Fall, weil er zugeben mußte, daß die Sterne und die Sonne nicht nur um seinetwillen am Firmament standen, und im zweiten Fall, weil er erkennen mußte, daß er nicht einmal auf der Erde in einer Klasse für sich war, sondern nur ein ganz gewöhnlicher Teil vom Ganzen. Seinen letzten Stolz findet er nun noch in dem Umstand, daß er über die magi-

sche Fähigkeit des Denkens verfügt. Sollten jetzt aber sogar Maschinen anfangen zu denken, so wäre das ein weiterer schwerer Schlag gegen seine vermeintliche Einmaligkeit.

Doch wie wichtig diese Implikation auch sein mag, es wäre falsch, sie für

die wichtigste überhaupt zu halten, im Vergleich zu anderen, nicht minder bedeutenden im sozialen Bereich (wie beispielsweise die Massenarbeitslosigkeit). Wie wichtig das Ego auch für die Philosophen und die Allgemeinheit sein mag, die Beschäftigung mit den Schwierigkeiten, die

Galilei und Darwin den Menschen eingebrockt haben, wird nie zu massenhaften Nervenzusammenbrüchen führen. Langfristig gewöhnen sich die Leute auch an die kontroversesten Wahrheiten, und kurzfristig scheren sich die meisten in ihrem Alltag ohnehin nicht um derlei Fragen. Ein philosophisch weniger bedeutsames Ereignis wie die industrielle Revolution könnte da weitaus tiefgreifendere Auswirkungen haben. Die Bedeutung der künstlichen Intelligenz liegt darin, daß sie sowohl eine philosophische Relevanz hat, die vergleichbar ist mit der der Evolutionslehre, als auch eine soziale, vergleichbar mit der industriellen Revolution.

6. Maschinenintelligenz und menschliche Fähigkeiten

Eine der vielen langfristigen Folgen der industriellen Revolution war der verminderte gesellschaftliche Bedarf an handwerklicher Kunstfertigkeit – der Fähigkeit, eine manuelle Arbeit kunstvoll auszuführen. In dem Maße, in dem neue, schnellere und in einigen Fällen sogar genauer arbeitende Maschinen Waren herstellten, die den alten Handwerker brotlos machten, begaben sich diese Leute in andere Betätigungsfelder, und sie gaben ihre Künste nicht an die folgenden Generationen weiter. So wurden Fähigkeiten, die einst dem Volke gehört hatten, ihm entrissen und auf Maschinen übertragen. Oberflächlich betrachtet schien das nicht einmal so übel, denn die Last der Produktion wurde Maschinen aufgebürdet. Doch man wurde nun davon abhängig, daß die Maschinen immer verfügbar waren, und es mußten jetzt Menschen das Handwerk weiterentwickeln, die seine Grundlagen selbst nicht mehr kannten.

Es besteht eine Parallele zwischen diesem Prozeß der «Entfähigung» und dem Boom der Expertensysteme, wo die intellektuellen Fähigkeiten solcher Leute wie Ärzte oder Anwälte in Computersysteme integriert werden, die schon in gar nicht allzu ferner Zukunft eine ähnliche Rolle spielen könnten wie einst ihre mechanischen Ahnen. Die Folge wäre ein ähnlicher Verlust von Fähigkeiten – nur diesmal eben nicht handwerklicher, sondern intellektueller Natur –, wie er nach der industriellen Revolution zu beklagen war.

Wenn die künstliche Intelligenz doch noch ihre allgemeinen Ziele erreichen und andere, allgemeinere intellektuelle Bereiche als die bisherigen Fachgebiete erobern sollte, während die Computer immer intelligenter werden, dann könnte es geschehen, daß die Menschen zusehends verdummen, da sie sich nicht mehr auf ihre eigenen intellektuellen Fähigkeiten verlassen müssen. Wir sehen das ja schon heute beim Kopfrechnen – einer aussterbenden Kunst, seitdem Taschenrechner uns auch die simpelsten Additionen abnehmen.

WIR ARBEITEN HIER MIT KÜNSTLICHER INTELLIGENZ, ABER SIE SIND GELERNTER ELEKTRIKER – ALSO BRINGEN SIE DAS DOCH BITTE WIEDER IN ORDNUNG.

Die Entwicklung könnte dazu führen, daß professionelle Pessimisten auf die Straße gehen und «Weg mit der künstlichen Intelligenz!»-Parolen vor sich hertragen, während verantwortungsbewußte Wissenschaftler beschwörend erklären, die Risiken seien durchaus kontrollierbar, solange sichergestellt sei, daß das Wissen nicht im obskuren Code der Programme verlorengehe. Es gibt mehrere Möglichkeiten, Wissen zu bewahren. Obwohl einige von ihnen für Menschen schwer begreifbar wären, könnten sie sich doch als effizienter für die Computer erweisen. Bei einigen anderen läge das Wissen zwar offen ausgebreitet vor den Menschen, doch sie wären wenig praktikabel für Computer. Noch können wir wählen, welche Methoden wir benutzen wollen – wir oder die Wissenschaftler.

7. Unmittelbare Gefahren

Computer auf ihrem gegenwärtigen Entwicklungsstand – das heißt ohne viel Intelligenz – werden in einer Vielzahl von Gebieten in allen möglichen Lebensbereichen angewendet. Sie verändern langsam die Lebensumstände der Menschen und die Struktur der Gesellschaft. Der Gebrauch von Kreditkarten hat den Papierkrieg in den Banken verringert. Wir bewegen uns mit Riesenschritten auf die bargeldlose Gesellschaft zu, in der alle Abzüge von und alle Überweisungen auf unsere Konten automatisch von Computern ausgeführt werden. Wir werden bargeldlos bezahlt, wir zahlen bargeldlos – und irgendwann werden wir auch in die Parkuhren nur noch unsere Kreditkarten stecken.

Auch die Büros werden langsam vom bisherigen Papierwust befreit. Die Kommunikation mit den Geschäftspartnern wird ebenso wie der Schriftverkehr innerhalb der Büros über die Computer laufen. Ordner und andere Ablagen verschwinden, Informationen lagern im Computerspeicher. Buchhaltung – macht der Computer. Lagerbestände – Computer fragen. Textverarbeitungsgeräte haben Standardbriefe und Standardverträge jederzeit parat, in die die Besonderheiten des Einzelfalles mühelos eingearbeitet werden können. Und alles, was der Computer schreibt, speichert er auch, und so entsteht im Laufe der Zeit über alle Vorgänge und Kunden ein umfangreiches, jederzeit problemlos abrufbares Archiv.

Die meisten Firmen, Banken und Regierungsstellen, die Computer einsetzen, um Informationen zu speichern, haben bemerkt, daß alles noch viel effizienter und erfolgreicher laufen könnte, wenn man die einzelnen Computersysteme einfach zusammenschlösse. Wenn der Computer irgendeiner Organisation nur mal eben beim Computer deiner Bank nachfragen müßte, wie es um deine Finanzen bestellt ist, dann wäre das doch viel einfacher und genauer, als per Formular diese Informationen von dir selbst einzuholen. So denken sich das jedenfalls manche Leute beim Finanzamt, bei den Kreditkartenorganisationen und bei den Kreditinstituten. Gar nicht erst zu reden von der Polizei, die nur allzu gern Zugang zu anderen Datenbanken hätte – wer weiß, was dabei nicht alles ans Tageslicht käme?

Der vermehrte Einsatz von Computern, um Informationen über den einzelnen Bürger zu sammeln, zu speichern und wieder zugänglich zu machen, gepaart mit der Möglichkeit des Datenaustausches zwischen verschiedenen Computern, bedroht das Recht des Bürgers auf die Unverletzlichkeit seiner Privatsphäre!

Das Sammeln von Daten ist ein Hilfsmittel bei der Arbeit von Regierungen, Finanzämtern und Polizeibehörden, und es hilft sogar bei der Formulierung sozialpolitischer Maßnahmen. Der einzelne profitiert von leicht zugänglichen und verläßlichen Aufzeichnungen. Medizinische Berichte, die jedem Arzt zugänglich sind, der zur Behandlung eines Patienten bestimmte Informationen braucht, könnten viele Menschenleben retten und das allgemeine Niveau der medizinischen Versorgung heben.

NATÜRLICH HABEN WIR SOFORT SEINE KRANKENKARTEI ANGEFORDERT, ABER DER COMPUTER HAT STATTDESSEN SEINEN KONTOAUSZUG AUSGEDRUCKT. UND DA HABEN WIR BESCHLOSSEN, DASS BEI EINEM KONTOSTAND VON 2 MARK 50 LEIDER JEDE HILFE FÜR IHN ZU SPÄT KOMMT!

Andererseits könnte das ausufernde Sammeln von Daten dazu führen, daß einzelne unrechtmäßig verfolgt und terrorisiert werden. Informationen über einzelne dürfen immer nur einer kleinen Gruppe von Menschen zugänglich sein, denn sonst könnten sie zu Erpressungen mißbraucht werden.

Aber auch der Mißbrauch durch die Polizei, Kreditgesellschaften und große Monopolgesellschaften kann nicht immer ausgeschlossen werden. Außerdem könnten fehlerhafte, unvollständige oder aus dem persönlichen Zusammenhang gerissene Informationen zu Fehleinschätzungen durch die Staatsgewalt und andere führen.

DASSELBE IST BEI SEINEM PROZESS MIT DEM COMPUTERBAND PASSIERT, DAS SEIN ANWALT DEM GERICHT VORGELEGT HAT.

Da es widersprüchliche Interessen in der Gesellschaft am Zugang zu den Daten oder am Datenschutz gibt, müssen sich die Regierungen bemühen, auf dem Gesetzwege die richtige Balance zwischen diesen beiden Forderungen zu finden. Vor dem Computerzeitalter waren solche Vorschriften nicht so wichtig, da allein das System der herkömmlichen Datenerfassung auf Papier und in vielen, vielen Ordnern den Zugriff vor allem aus der Distanz sehr erschwerte. Die Computer haben jedoch so gewaltige Mißbrauchsmöglichkeiten geschaffen, wie wir sie uns früher in unseren schlimmsten Alpträumen nicht hätten vorstellen können.

Eine Minimalforderung des Datenschutzes ist, daß jeder Bürger genau weiß, welche Daten über ihn gespeichert sind. Ein jeder sollte selbst Zugang zu diesen Informationen haben und verlangen können, daß falsche Informationen berichtigt werden. Auch sollten veraltete Daten entfernt werden und jeder einzelne das Recht haben, bestimmten Leuten oder Organisationen den Zugriff auf seine Daten zu verweigern. Jede Nachforschung sollte registriert und dem Betroffenen mitgeteilt werden. Und schließlich sollte jeder Bürger eine Vereinbarung unterzeichnen, die die Speicherung der Informationen überhaupt erst gestattet.

175

Allerdings könnte sich herausstellen, daß es keinen hundertprozentigen Schutz gegen den Datenmißbrauch gibt. Bereits heute sind «Computer-Verbrechen» gang und gäbe. Diese Verbrechen werden durch illegale Manipulationen am Computer möglich. Oft sind es alte, scheinbar vertrauenswürdige Angestellte – Bankkassierer oder leitende Angestellte –, die relativ leichten Zugang zu den Dateien haben, die ein bißchen am Programm rumfummeln und den Computer dazu bringen, ab und an etwas auf ein sehr inoffizielles Konto zu überweisen. Manchmal lohnt es

ja schon, an den eigenen Kontostand eine oder zwei Nullen ranzuhängen – die Versuchungen, sie sind so groß, und das Fleisch, es ist so schwach! Aber man muß nicht einmal selbst in einer Bank sein, um Computer zum eigenen Nutzen manipulieren zu können. Es geht sogar per Heimcomputer und über Telefon. Man muß nur wissen, wie.

Überall auf der Welt, besonders aber in den USA, demonstrieren meist jugendliche Computerfreaks, wie einfach es sein kann, Paßwörter und Zugriffscodes gigantischer Computersysteme zu knacken und sich in diese Systeme reinzuschmuggeln. Hacker nennt man diese Leute, vom englischen «to hack»: knacken. Aber wer knackt hier eigentlich wen? Die Hacker die großen Computersysteme oder letztlich doch die Computer . . . uns?

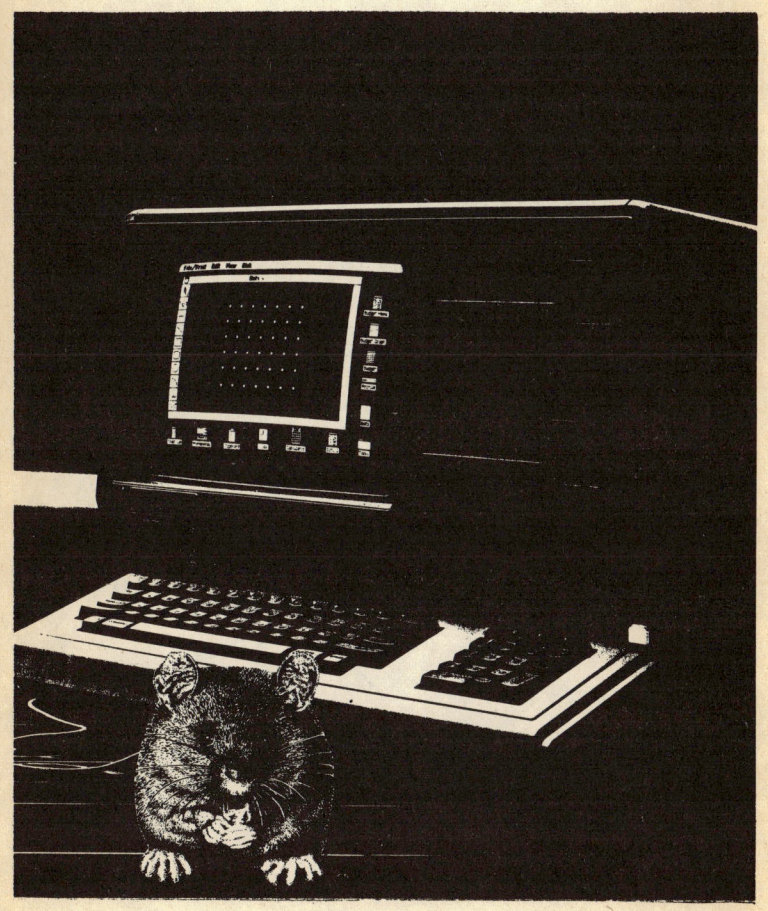

8. Schöne neue Computerwelt

Abschließend wollen wir uns noch in komprimierter Form der Zukunft unserer schönen neuen Computerwelt widmen, den größeren Zusammenhängen, die sich durch die Verbindung anderer Techniken mit der Computertechnik ergeben. Neue Technologien oder auch Informationstechnologie nennt man das – was steckt dahinter?

Für Nietzsche ...

... war der menschliche Geist «eine schwerfällige, finstere und knarrende Maschine». Nun gut, immerhin hat dieses Monstrum mittlerweile leichte, helle und leise Maschinen erdacht, die ihm die lästigsten Aufgaben abnehmen. Zum Beispiel Rechenaufgaben mit denen bei festverzinslichen Wertpapieren die höchsten Renditen ermittelt werden können.

Pfandbrief und Kommunalobligation

Meistgekaufte deutsche Wertpapiere - hoher Zinsertrag - schon ab 100 DM bei allen Banken und Sparkassen

Verbriefte  Sicherheit

DIE ZUKUNFT DER INFORMATIONSTECHNOLOGIE

Wahrscheinlich wird es nie eine genaue Definition des Begriffes Informationstechnologie geben; begnügen wir uns einstweilen also damit zu sagen, es handele sich um das Gebiet, auf dem sich Computertechnik und elektronische Informationsvermittlung treffen. Diese Definition mag so lange ausreichend sein, solange unsere Auffassung von dem, was «Information» ist, noch ziemlich flexibel ist.

Ein Computer muß nicht unbedingt in der gewohnten Verpackung daherkommen. Mit den neuen Techniken der large-scale integration lassen sich Computer herstellen, die erst durch eine Lupe zu erkennen sind, vorausgesetzt allerdings, die Geräte, die dem Menschen die direkte Benutzung erlauben (das heißt Tastatur, Drucker und Monitor), sind nicht angeschlossen. So ein Winzcomputer ist außerdem sehr billig, vor allem, wenn er in Großserie produziert wird. Es gibt nun gar keinen Grund, warum diese Computer Tastaturen, Displays und Gehäuse haben sollen, die so groß sind, daß Menschen drüber stolpern können (und die absolut nichts mit den wesentlichen Funktionen des Computers zu tun haben), wenn sie nur dazu benutzt werden, um Informationen mit anderen Computern auszutauschen.

Diese Erkenntnis bildet die Grundlage der Informationstechnologie. Informationsübertragende Kabelnetze wie das gegenwärtige Telefonsystem sind darauf beschränkt, als passive Pipelines zu dienen, während der Einbau von Computertechnik in das Telefonnetz sie in echte informationsverarbeitende Systeme umwandeln kann. Die Informationstechnologie umfaßt das «Was» und «Wie» der Erweiterung von elektronischen Informationsnetzen um Computerkraft oder der Entwicklung von Netzen, die von Anfang an auf den Einsatz von Computern ausgerichtet sind.

In der Vergangenheit hat man den Computer als nützlichen Kasten zur Handhabung von Informationen/Daten angesehen, als Gerät, das man braucht, um erfolgreich ein Geschäft zu führen. Es ist kein Zufall, daß das B in IBM für Business, Geschäft, steht. Die Übermittlung von Informationen wird dagegen nicht mit IBM in Verbindung gebracht. Tatsächlich wurden in den USA von der Bundesregierung Verordnungen erlassen, die Firmen wie IBM aus dem Bereich heraushalten sollten, der für Telekommunikationsgesellschaften, wie zum Beispiel American Telephone and Telegraph (AT&T), reserviert war. Dieselben Verordnungen stellten andererseits sicher, daß AT&T keine Computer herstellte und vertrieb.

Doch wie das Leben so spielt: Verordnungen kommen, Verordnungen gehen, und manche werden einfach von der Entwicklung überrollt – überrollt zum Beispiel von der Informationstechnologie, die es inzwischen unmöglich macht, eine klare Trennungslinie zwischen Computertechnik und Kommunikationstechnik zu ziehen. Also ging die alte Verordnung, und IBM und AT&T wildern jetzt eifrig in den alten Jagdgebieten der Konkurrenz.

Andere Länder, in denen verstaubte Gesetze eigentlich nicht mit so leichter Hand geändert werden, scheinen auch langsam alte Traditionen aufzugeben und ihre Unternehmen ermutigen zu wollen, ähnlich zu handeln, um langfristig überleben zu können. Sogar die EG-Länder, die wahrscheinlich noch für Jahre darüber palavern werden, wie ihre überholte Agrarpolitik mit den riesigen Butterbergen und Weinseen fertig werden soll, einigten sich schnell, daß sogar diese Streitigkeiten keinen Einfluß auf ihr kürzlich entwickeltes und besonders gefördertes ESPRIT-Programm (das I und das T stehen für Informationstechnologie) haben dürfte. ESPRIT ist ein wissenschaftliches und kommerzielles Forschungsprojekt, das verhindern soll, daß Europa auf dem Gebiet der Informationstechnologie zu einer Kolonie der USA und Japans verkümmert.

Die einfachsten Anwendungsbereiche der Informationstechnologie gibt es schon seit einiger Zeit. Man denke nur an diese schicken, modernen Telefonapparate (die ja sogar die Deutsche Bundespost – gegen happige Gebühren, versteht sich – anbietet), in die man häufig angewählte Nummern einspeichern und per Knopfdruck abrufen kann oder die bei Besetztzeichen selbständig so lange weiterwählen, bis der andere Anschluß endlich frei ist. Im ersten Fall hat ein kleiner Computer für jede gespeicherte Nummer einen bestimmten Code, der mit einem Namen verbunden ist, auf einer Liste «notiert», die bei Bedarf elektronisch abgetastet wird. Der Code wird dann umgesetzt in die gesuchte Nummer, die automatisch angewählt wird. Die Speicherung und alles weitere wird von einem kleinen Computerchen ohne Monitor oder Drucker vorgenommen, der irgendwo im Telefon untergebracht ist.

Auch ohne viel über Computer zu wissen, kann sich jeder denken, daß das Suchen von Eintragungen in einer geordneten Liste für einen Computer keine sonderlich aufregende Angelegenheit ist. Sogar die Maschinchen, die in den letzten Jahren unter so manchem Weihnachtsbaum für das smarte Söhnchen lagen, können viel mehr. Und das wissen natürlich erst recht all die Leute, die in Bereichen arbeiten, wo sich Datenverarbeitung und Informationsübertragung berühren. Die meisten Funktionen, die schon von Computern in Anwendungsgebieten der Informationstechnologie übernommen werden, beinhalten richtige Datenverarbeitung und nicht nur das Abtasten und Ergänzen von Listen. Das sieht man am deutlichsten am Beispiel eines modernen Textverarbeitungsgerätes, das eine Vielfalt von verschiedenen Operationen durchführen kann.

Ein Textverarbeitungssystem kann natürlich einiges mehr als ein modernes Telefon, doch beide enthalten Geräte, die im wesentlichen Computer sind. Dasselbe gilt für einige teure Fernsehapparate oder sogar Staubsauger oder Elektroherde. Ein Haushalt mit all diesen Geräten verfügt über das Rohmaterial für die Zukunft, was normalerweise noch auf zweierlei Weise verschleiert ist. Erstens sind die Geräte nicht elektronisch miteinander verbunden.

Zweitens ist die elektronische Potenz verhältnismäßig klein. Doch den Zusammenschluß all dieser Geräte hat allein das Fehlen eines guten geschäftlichen Grundes für ihre Kopplung verhindert, und der zweite Sachverhalt wird ganz bestimmt bald verschwinden, weil der Einbau potenter elektronischer Bestandteile zusehends billiger wird.

Von der künstlichen Intelligenz ist in diesem Buch bereits die Rede gewesen. In den hochtrabenden Beschreibungen von künstlicher Intelligenz wird sie in einem Atemzug mit menschlicher Intelligenz genannt, näher an den tatsächlichen Möglichkeiten liegt allerdings die Aussage, die künstliche Intelligenz sei das Feld, auf dem die benutzerfreundlichsten Programme geschrieben werden und auf dem die Programme die größte RAM-Kapazität benötigen. (Diese beiden Aspekte sind tatsächlich eng miteinander verbunden.)

Programme, die in Informationstechnologie-Systeme eingebaut sind, müssen eine ganze Menge können, auf alle Fälle aber müssen sie benutzerfreundlich sein. Denn sonst würden nicht genügend Leute sie kaufen oder ihre Dienste in Anspruch nehmen, um ihre Entwicklung kommerziell interessant zu machen. Zur Zeit sind Datenverarbeitungsgeräte, die genügend Rechen- und RAM-Kapazität haben, um echte Künstliche-Intelligenz-Programme zu ermöglichen, noch zu teuer, um in Heimgeräte für den Massenmarkt (zum Beispiel einfache Textverarbeitungssysteme) eingebaut zu werden, doch aus der Vergangenheit wissen wir, wie schnell die Entwicklung auf diesen Gebieten fortschreitet. Mit anderen Worten: Es scheint eine ziemlich sichere Voraussage zu sein, daß in zehn Jahren derartige Geräte allgemein verbreitet sein werden.

Sobald sie billig genug sind, werden sie auch kommerziell genutzt werden. Und sie werden Programme haben, von denen wir heute schon wissen (aus Experimenten mit heutigen Großrechnern), daß sie praktikabel sind. Der Heimterminal der Zukunft wird Monitore mit Tastaturen und anderen Eingabegeräten für die Textverarbeitung und die Steuerung elektronischer Haushaltsgeräte kombinieren, und er wird mit ähnlichen Terminals an anderen Orten (so wie Telefone untereinander) und mit Computern, die spezielle Informationen gespeichert haben, zum Beispiel in Bibliotheken oder Warenhäusern, verbunden sein. Um all die Verbindungen und Funktionen bergen zu können, wird der Terminal einen nach heutigen Begriffen sehr leistungsfähigen Computer eingebaut haben.

Die Vielfalt möglicher Anwendungsgebiete solcher Systeme ist weitgehend nur durch die Fähigkeiten der Leute begrenzt, die die Programme schreiben und die Wartungsarbeiten durchführen. Die Länder mit den fähigsten Leuten werden den größten wirtschaftlichen Nutzen haben, wenn sie diese Fähigkeiten nutzen – aber das dürfte man dann wohl nicht den Politikern und ihren Freunden überlassen.

Hier ist nur für ein Beispiel einer Dienstleistung Raum, die sich der künstlichen Intelligenz bedienen und die in Zukunft ein einträgliches Betätigungsfeld der Informationsindustrie sein wird. Der heutige technische Standard der Postzustellung ermöglicht eine wahre Flut von Werbematerial in unseren Briefkästen. Nur ein sehr mutiger Mensch würde heute noch gegen die Möglichkeit wetten, daß uns die Informationstechnologie in Zukunft jede Menge elektronischen Werbematerials in unsere Heimterminals liefern wird. Der größte Teil des ganzen Werbekrams ist an uns verschwendet, doch eben nicht alles – einiges findet der eine oder der andere doch interessant, weil es seinen individuellen Bedürfnissen, Wünschen oder Vorurteilen entspricht. Man kann sich vorstellen, wie attraktiv ein intelligentes Programm wäre, das darauf getrimmt ist, sich ein Bild von diesen Bedürfnissen, Wünschen und Vorurteilen des Käufers des Programms zu machen, und das nun als eine Art elektronischer Wachhund seinen Besitzer davor bewahrt, von allzu viel Werbequatsch überschwemmt zu werden: Das Programm würde nur das Material durchlassen, das seinen Besitzer tatsächlich interessiert, und den Rest dem elektronischen Abfalleimer anvertrauen. Zweifellos würde bald eine neue Industrie aufblühen, deren Werbematerial dank cleverer Formulierungen den Wachhund überwände. Die Informationstechnologie ist fähig, neue Arten von Arbeit zu schaffen und alte abzuschaffen!

Die Leute, die schon jetzt Sorge haben, Computersysteme zur Speicherung persönlicher Daten könnten mißbraucht werden oder der Zusammenschluß verschiedener dieser Systeme könnte Mißbrauch ermöglichen, haben recht, wenn sie annehmen, die Informationstechnologie bringe noch weitere, neue Risiken mit sich. Zum Teil können das, wie in jedem Fall, die Wähler verhindern; und man sollte sich die Zeit nehmen, über die Risiken nachzudenken und über Mittel und Wege, sich davor zu schützen (zum Beispiel durch die richtige Art von Technologie-Gesetzen). In diesem Sinne ist die Informationstechnologie zu wichtig, um den Politikern überlassen zu werden.

Außer diesem Punkt, der eigentlich ziemlich offensichtlich sein sollte, gibt es einen anderen Punkt in diesem Zusammenhang, der allerdings zum Nutzen des gewöhnlichen Bürgers ist. Bisher ist immer ganz selbstverständlich davon ausgegangen worden, daß für die Regierung interessante persönliche Daten nur in großen, zentralen Datenbanken unter Regierungsaufsicht sinnvoll aufbewahrt werden können. Doch dieselben Entwicklungen in der Technologie billiger Computer mit großer Kapazität, die leistungsfähige Kombinationen von künstlicher Intelligenz und Informationstechnologie über kurz oder lang für einzelne Benutzer erschwinglich machen werden, können auch dazu genutzt werden, dezentrale Datenspeicher zu errichten, bei denen der Terminal jedes einzelnen die Lagerstelle für seine potentiell sensiblen Daten bildet. Es ist technisch möglich, die Daten vor illegaler Veränderung durch den Benutzer zu schützen, und es ist ebenso möglich, Programme zu erstellen, die es Big Brother nur dann ermöglichen, Informationen aus den Speichern abzurufen, wenn es rechtlich zulässig ist.

Der mögliche Beitrag der Informationstechnologie zur Dezentralisation und zur größeren Kontrolle des einzelnen über seine Bürgerrechte ist bisher noch kaum beachtet worden, doch er verdient es, in der Öffentlichkeit verstärkt diskutiert zu werden. Denn nur dann besteht die politische Chance, die Möglichkeit in Realität zu verwandeln.

J. A. Campell
Professor der Informatik
University of Exeter, Großbritannien

Mikro-Computerlexikon

Dieses kleine Computerlexikon enthält einige der wichtigsten Begriffe aus der Welt der Datenverarbeitung. Einige sind im Text ausführlich erklärt, andere nicht. Wir haben sie trotzdem hier aufgenommen, um einen – wenn auch begrenzten – Einblick in die Sprache der Computerfreaks zu geben.

Addierer Die festverdrahtete Schaltung zur Addition von zwei Zahlen.

Adresse Die einzelnen Plätze bestimmter Speicher werden durchnummeriert. Diese Platznummer erlaubt den Zugriff auf einen gespeicherten Operanden (Speicherinhalt, mit dem gerechnet wird) oder die Speicherung eines Operanden. Die Adresse dient zur Identifizierung eines bestimmten Speicherplatzes.

Akkumulator Ein Register, das Daten speichert, mit denen arithmetische oder logische Operationen durchgeführt werden.

Akustik-Koppler Gerät zum Senden und Empfangen von Daten über eine normale Telefonlinie. Die Information wird in ein akustisches Signal umgewandelt und in die Leitung gegeben. Der Empfänger wandelt die Signale zurück in computergerechte Form.

Algorithmus Eine Beschreibung, wie eine Aufgabe auszuführen ist (zum Beispiel ein Kochrezept, eine Partitur, ein Schnittmuster).

Alu Arithmetisch-logische Einheit (arithmetic-logic unit). Das Rechenwerk des Computers, eine festverdrahtete Schaltung, die arithmetische und logische Operationen durchführt.

Analog Wenn Eigenschaften von Objekten (wie beispielsweise deren Temperatur) kontinuierlich und nicht in festen Schrittfolgen dargestellt werden.

Analog-Digital-Umsetzer Ein Gerät, das Messungen, die in analoger Form gemacht wurden, in digitale Form umsetzt.

Analogrechner Computer, die mit analogen Eigenschaften operieren. Werden relativ selten benutzt.

ASCII American Standard Code for Information Interchange. Ein Code, nach dem Buchstaben des Alphabets in binäre Zeichen übersetzt werden. Amerikanischer Normcode für EDV-Systeme auf 7-Bits-Basis. Auch in Europa von großer Bedeutung.

Assembler Ein Programm, das relativ einfache Übersetzungen aus Assemblersprache in Maschinencode macht.

Assemblersprache Eine niedrige Programmiersprache, die stark maschinenorientiert ist. Heute weitgehend von den höheren Programmiersprachen abgelöst.

Ausgabegerät siehe **Output device.**

Basic Beginners' All-purpose Symbolic Instruction Code. Die Sprache, die von den meisten Heimcomputern verstanden wird. Eine recht grobschlächtige Sprache, die aber einfach zu lernen und besonders für kleine Rechner gut geeignet ist, um Programme für simple Aufgaben zu schreiben.

Batch-Verarbeitung Auch: Stapelverarbeitung. Eine Art der Datenverarbeitung, die vor allem in den Anfangszeiten benutzt wurde, als Computer noch teure Angelegenheiten waren. Der Benutzer gibt dem Computer auf Lochkarten oder über ein Terminal ein komplettes Programm ein, und das Betriebssystem tut das Programm auf einen Stapel ähnlicher Programme zur späteren Verarbeitung. Im Gegensatz zur interaktiven Verarbeitung.

Befehlssatz Ein Satz von Grundbefehlen, die im Computer fest verdrahtet sind. Jeder Befehl entspricht einem Befehl im Maschinencode des betreffenden Computers.

Betriebssystem siehe **Operating system.**

Binär Ein Zahlensystem, in dem nur zwei Ziffern (1 und 0) benutzt werden. Mit diesen beiden Ziffern können alle Zahlen des Dezimalsystems (Ziffern 0 bis 9) dargestellt werden. Jede Ziffernstelle symbolisiert eine Potenz von 2, wobei die Stelle ganz rechts 2^0 oder 1 ist. 17 ist zum Beispiel $1 \times 10^1 + 7 \times 10^0$, was übersetzt ins binäre System $1x2^4 + 0x2^3 + 0 + 2^2 + 0x2^1 + 1x2^0$ oder 10001 wäre.

Bit Ursprünglich in der Informationstheorie benutzer Begriff für «kleinste denkbare Informationsmenge» (basic indissoluble information unit). Heute als Abkürzung für binary digit gebraucht, die kleinste Speichereinheit eines Computers, die nur die Werte 0 oder 1 enthalten kann. Ein adressierbarer Speicherplatz setzt sich aus mehreren Bits zusammen.

Blasenspeicher siehe **Bubble memory.**

Boolesche Logik Eine Form der mathematischen Logik, die das binäre Zahlensystem als Grundlage für Berechnungen benutzt. Entwickelt von George Boole. Auf ihr sind die Computerschaltungen aufgebaut.

Bubble memory Ein Magnetspeicher, der sich kleiner blasenförmiger Magnetfelder als Träger von Informationen bedient. Bietet große Speicherkapazitäten zu geringem Preis.

Bug Auf deutsch Käfer. Freundliche Bezeichnung für einen Fehler im Computerprogramm. Da solche Fehler relativ leicht beseitigt werden können, bezeichnet man sie leichthin als bugs und ihre Beseitigung als debugging.

Byte Eine Gruppe von so vielen Bits, wie zur Darstellung eines gespeicherten Zeichens im jeweiligen Code des Computers benötigt werden. Die meisten Computer bedienen sich des ASCII-Codes, und so ist es fast Standard, mit 1 Byte 8 Bits zu meinen.

Chip Ein kompletter elektronischer Baustein moderner Computer. Grundsubstanz ist Silizium (Silikon) oder ein ähnliches Material. Die Kapazität moderner Chips liegt bei etwa 100 000 Bits pro Chip bei einer Gesamtfläche von nur etwa 1 cm². Aber die Kapazitäten werden laufend vergrößert – kein Ende abzusehen.

Cobol Common Business-Oriented Language. Die meistbenutzte Programmiersprache der Welt, vor allem für Anwendungen im Geschäftsbereich geeignet, allerdings recht untauglich für andere Anwendungen.

Compiler Ein Programm, das Programme aus einer höheren in eine niedrige Programmiersprache übersetzt. Durch die Übersetzung wird das Programm des Benutzers in eines umgewandelt, das der Steuerung eines bestimmten Computers direkter angepaßt ist.

Daten Informationen, die in Form von Zeichen und Zeichenkombinationen in der Regel vom Computer gelesen, gespeichert, verglichen, verknüpft, geordnet und wieder ausgegeben werden können, die mit anderen Worten elektronisch verarbeitet werden.

Datensichtgerät siehe **Terminal.**

Datenverarbeitung Elektronische Erfassung, Übermittlung, Ordnung und Umformung von Daten zur Gewinnung von Informationen – kurzum das, was ein Computer macht.

Debugging siehe **Bug.**

Dialogverarbeitung siehe **Interaktive Datenverarbeitung**

Digital Wenn eine sich verändernde Eigenschaft eines Objektes (wie zum Beispiel seine Temperatur) als eine Reihe von schrittweisen, einzelnen (diskreten) Messungen und nicht in kontinuierlicher (analoger) Form dargestellt wird. Die digitale Darstellung erfolgt durch Ziffern (digit = Ziffer).

Digital-Analog-Umsetzer Gerät zur Umwandlung diskreter Digitaldarstellung in eine kontinuierliche (analoge).

Editor Ein Computerprogramm sowohl zur Aufsetzung als auch Änderung (editing) von Texten, wenn es sich um Programme irgendeiner Art handelt. Handelt es sich dagegen um Texte im herkömmlichen Sinne (zum Beispiel das Manuskript dieses Buches), wird das Programm nicht Editor, sondern Textverarbeitungsprogramm genannt.

Eingabegerät siehe **Input device.**

Expertensystem Ein Computerprogramm, das die Sachkenntnis von Menschen auf einem begrenzten Gebiet (zum Beispiel Medizin oder Jura) enthält und das aufgrund dieser Kenntnisse Folgerungen zieht und Empfehlungen gibt.

Feld English: array. Ein geordneter Satz von Daten, gewöhnlich angeordnet in Reihen und Kolonnen individueller Speicherplätze, die alle dieselbe Adresse plus einem Zusatz, der den jeweiligen Einzelort anzeigt, haben.

Firmware Die Definition von Hardware impliziert, daß ein Computersystem ein festes elektromechanisches System ist, dessen Verhalten durch seine Programme oder Software variiert werden kann. In einigen Fällen sind die Programme in sichtbareren und austauschbaren Teilen wie ROM gespeichert. Die Programme, die in diesen austauschbaren Teilen fest gespeichert sind, werden Firmware genannt.

Flipflop Sehr schnelle Mikroschaltung, die entweder 1 oder 0 enthalten und von einem Zustand zum anderen wechseln kann.

Floppy disc Magnetplatte aus flexiblem Material. Eine preiswerte und doch zuverlässige Form des Speicherns.

Flußdiagramm Eine Methode, die Lösung eines Problems graphisch darzustellen, die dann als Computerprogramm geschrieben wird.

FORTRAN FORmula TRANSlator. Eine höhere Programmiersprache, die, wie ihr Name andeutet, für wissenschaftliche Zwecke entwickelt wurde. Inzwischen etwas veraltet, aber immer noch in Gebrauch. FORTRAN war die erste richtige höhere Programmiersprache, das heißt die erste, die auf die Bedürfnisse einer bestimmten Benutzergruppe und nicht auf die des Rechners zugeschnitten war.

Gleitkommazahl Binäre Zahlendarstellung innerhalb der Datenverarbeitungsanlage. Zahl mit Exponent mit Dezimalstelle, zum Beispiel $1,7E + 1 = 1,7 \times 10^1 = 17$.

Hard disc Magnetplatte aus hartem Material. Sie kann größere Informationsmengen speichern als Floppy discs, ist dafür aber auch teurer.

Hardware Etwas oberflächlich ausgedrückt die Teile eines Computersystems, die man anfassen kann, das heißt die mechanischen und elektrischen Bauteile der Computeranlage.

Hexadezimal Im Prinzip das gleiche wie das binäre Zahlensystem, nur daß die Basis 16 ist. Die Zeichen für die Zahlen 10 bis 15 werden durch die Buchstaben A bis F dargestellt. Es gibt zusammen mit den Ziffern 0 bis 9 also 16 Zeichen im Hexadezimalsystem.

Höhere Programmiersprache Eine Sprache, die Algorithmusschritte oder Spezifikationen, was verarbeitet werden soll, in einer Form ausdrückt, die relativ nahe an der menschlichen Sprache liegt. Dazu gehören zum Beispiel BASIC, FORTRAN, LISP und einige andere mehr.

Indexregister Ein Register, das groß genug ist, um die Adresse eines Wortes, der kleinsten adressierbaren Speichereinheit im Arbeitsspeicher, aufzunehmen.

Input Eingabe.

Input device Ein Gerät zur Eingabe von Daten in den Computer. Teil der Hardware.

Integer Ganze Zahl (wie 1, 2, 3 . . .) ohne Komma.

Intelligenter Terminal Ein schlimmer Mißbrauch unserer schönen Sprache, der auf eifrige Verkäufer zurückgeht und inzwischen mehr oder weniger von allen Leuten akzeptiert wird. Ein normaler Terminal umfaßt im wesentlichen nur die Ein- und Ausgabegeräte für den Computer. Die sogenannten intelligenten Terminals verfügen darüber hinaus noch über Teile, die einfache Berechnungen oder Datenaufbereitungen vornehmen können, ohne dabei sonderlich leistungsstark zu sein. Ein «superintelligenter Terminal» in Verbindung mit einem Großrechner bestünde aus einem kleinen Computer, der alles, bis auf die wirklich großen Berechnungen selbst, erledigen könnte.

Interaktive Datenverarbeitung Datenverarbeitung durch einen Terminal, der aufgrund der vorhandenen Programmiermöglichkeiten die Illusion erweckt, man führe mit dem Computer einen Dialog. Deshalb auch Dialogverarbeitung genannt.

Interface Auch: Schnittstelle. Ein Gerät, das es zwei Geräten erlaubt, miteinander zu kommunizieren. Um zum Beispiel ein Diskettenlaufwerk benutzen zu können, braucht man ein Disc Interface, das den Computer mit dem Laufwerk verbindet.

Interpreter Ein Programm, das, wie ein Compiler, ein Programm eines Benutzers umsetzt und ausführt. Anders als ein Compiler übersetzt ein Interpreter jedoch nicht in eine andere Sprache, sondern interpretiert, das heißt, er tastet das Programm ab und stellt fest, welche Berechnungen beabsichtigt sind.

Interrupt Ein Vorgang, bei dem der Computer die laufende Operation unterbricht, um eine andere von höherer Priorität auszuführen.

JCL Job Control Language (Kommandosprache). Die Sprache, in der der Benutzer dem Betriebssystem Befehle erteilt.

Joystick Ein Steuerhebel, mit dem die Bewegungen des Cursor (Zeiger) auf dem Bildschirm analog zu den Bewegungen des Hebels kontrolliert werden.

K Steht für Kilo... und ist im allgemeinen die Maßbezeichnung für 1000, in der Datenverarbeitung jedoch für genau 2^{10} = 1024. 256 K bedeutet zum Beispiel $256 \times 2^{10} = 262144$. So wird gewöhnlich die Speicherkapazität eines Computers beschrieben.

Kommandosprache siehe **JCL.**

Künstliche Intelligenz Die Fähigkeit einer Maschine, Dinge zu tun, für die, wenn von Menschen getan, Intelligenz nötig ist.

Lichtstift Ein Computer-Eingabegerät (zum Beispiel in Kugelschreibergröße oder Pistolenform), das Muster heller und dunkler Balken, die Daten darstellen, lesen kann.

M Steht für Mega... und ist im allgemeinen die Maßbezeichnung für 1 Million, in der Datenverarbeitung jedoch für K^2.

Magnetplatte siehe **Floppy disc** und **Hard disc.**

Mainframe Ein Großrechner, der aus einer Reihe von Einheiten besteht, die zum Teil selbst Computer sind.

Maschinencode Die «Befehle», die der Computer aufgrund seiner Festverdrahtung versteht und ausführen kann.

Matrixdrucker Ein Drucker, bei dem die Zeichen (Buchstaben, Ziffern etc.) aus vielen kleinen Punkten zusammengesetzt werden.

Memory Der Teil des Datenverarbeitungssystems, in dem Daten und Programme gespeichert werden. Es gibt verschiedene Arten von Speichern, zum Beispiel Magnetplatten, Magnetbänder, Blasenspeicher. Man unterscheidet zwischen internen Speichern (Hauptspeicher, Arbeitsspeicher) und externen Speichern, die an die Zentraleinheit angeschlossen werden.

Mikrocomputer Ein kleiner Computer, dessen CPU auf einem einzigen Chip untergebracht ist.

Mikroprozessor In der Regel Bezeichnung für einen Chip, auf dem die Schaltungen von mehreren Teilen des Computers (Speicher, CPU, Eingabe, Ausgabe) untergebracht sind.

Minicomputer Ein Computer mittlerer Größe mit mittlerem Preis.

Modem (MOdulator/DEModulator) – Gerät, das digitale Signale in analoge Signale umsetzt und umgekehrt, zur Benutzung von Telefon- und Telekommunikationssystemen.

Niedrige Programmiersprache Eine Programmiersprache, in der jeder Befehl einem Grundbefehl im Maschinencode entspricht. Niedrige Programmiersprachen sind stärker den Bedürfnissen der Maschine als denen der Benutzer angepaßt.

ODER-Tor Eine Reihe von Transistoren, die zusammen die logische Operation ODER durchführen. Die Ausgabe aus einem ODER-Tor ist wahr, wenn eine der beiden Eingaben wahr ist.

Operating system Auch: Betriebssystem. Das Programm, das kontinuierlich abläuft und den Computer und die verschiedenen mit ihm verbundenen Geräte dirigiert.

Output Ausgabe.

Output device Teile der Hardware, über die die Ausgabe der Ergebnisse aus dem Computer läuft, zum Beispiel Bildschirm, Drucker.

Paket Bezeichnung für mehrere Computerprogramme, die zusammen verkauft werden, um gemeinsam eine bestimmte Aufgabe zu erfüllen.

Peripheriegeräte Fast jede Einheit, die mit einem Computer verbunden ist und kein Verarbeitungs- oder Speichergerät ist, zum Beispiel Kassettenrecorder oder Drucker.

Pixel Bildpunkt auf dem Monitor, der entweder hell oder dunkel sein kann.

Plattenlaufwerk Elektromechanisches Antriebsgerät für die Speicherung von Daten auf Magnetplatten.

Programm Eine Abfolge (Sequenz) von Befehlen, die von einem Computer verstanden und ausgeführt werden können.

Programmzähler Ein Teil der CPU, das auf den Abschnitt des Speichers zeigt, der den nächsten vom Computer auszuführenden Befehl enthält.

PROM Programmable Read Only Memory. Speicher, der nur gelesen werden kann, dessen Inhalt nach der ersten Programmierung jedoch bedingt verändert werden kann (im Gegensatz zum ROM, dessen Inhalt gar nicht modifiziert werden kann).

RAM Random Access Memory, auf deutsch: Direktzugriffsspeicher. Ein Speicher, der jederzeit ohne spezielle Programmierung gelesen oder belegt werden kann.

Register Gewissermaßen ein Speicher-Zwischenlager der CPU. Sie dienen zur Aufnahme von Basisadressen, zum Adreßrechnen, zu schnellen Rechenoperationen mit Festkomma- oder Gleitkommazahlen und anderen Zwecken.

ROM Ein Speicher, dessen Inhalt im voraus programmiert ist und der nur gelesen werden kann.

Run Die Durchführung eines Computerprogramms, der Programmablauf.

Schnittstelle siehe **Interface.**

Siliconchip Ein sehr kleines Stück Silicon (englische Bezeichnung für Silizium), das durch fotografische Vorbehandlung, Ätzung und Aufdampfung zum Träger extrem dicht gelagerter elektronischer Halbleiterelemente (Schaltungen) wird.

Software Die Programme, die den Computer steuern, damit er bestimmte Operationen durchführt.

Speicher siehe **Memory.**

Stapelverarbeitung siehe **Batch-Verarbeitung.**

Steuerhebel siehe **Joystick.**

Strukturiertes Programmieren Moderne Bezeichnung für eine Programmiermethode, nach der ein Problem in Sub-Probleme unterteilt wird, die dann jedes für sich gelöst werden. Abschließend werden die Einzelergebnisse im Hinblick auf das Geamtproblem eingeschätzt.

Systemanalyse Die Untersuchung eines (aus Menschen und verschiedenen Vorgängen zusammengesetzten) Systems auf seine Funktionsweise hin mit anschließender Erarbeitung von Vorschlägen, wie das System durch ein Datenverarbeitungssystem ersetzt werden kann.

Teletype Eine alte Kombination von einer Tastatur für die Eingabe und einem Drucker für die Ausgabe, die bis vor kurzem bei EDV-Anlagen benutzt wurde.

Terminal Auch: Datensichtgerät. Ein Computer-Ein-/Ausgabegerät, das auch weit entfernt vom eigentlichen Computer stehen kann. Er umfaßt eine Tastatur für die Eingabe und einen Bildschirm für die Ausgabe und besteht, wenn er «intelligent» ist, auch noch aus Teilen, die kleine Berechnungen vornehmen können.

Textverarbeitung Als Textverarbeitung werden Anwendungen eines Computers bezeichnet, bei denen Texte (also zum Beispiel Romane, Übersetzungen von «. . . für Anfänger»-Büchern, aber auch Geschäftsbriefe und, wer weiß, vielleicht sogar Liebesbriefe) eingegeben und gespeichert werden, die dann verändert, erweitert, gekürzt, korrigiert, über den Bildschirm gelesen und schließlich ausgedruckt werden können. Enorme Erleichterung für Autoren und Übersetzer, falls sie sich bei ihren mageren Honoraren so ein System leisten können.

ULA Uncommitted Logic Array. Ein Chip, der logische Elemente enthält, die nicht vollständig sind und später für einen bestimmten Zweck programmiert werden.

UND-Tor Eine Reihe von Transistoren, die die logische Operation UND ausführen. Die Ausgabe aus einem UND-Tor ist nur dann wahr, wenn beide seiner Eingaben wahr sind.

Universalrechner Ein Computer, der so programmiert werden kann, daß er mehrere verschiedene Aufgaben erfüllen kann, im Gegensatz zum special purpose computer, der nur eine Aufgabe hat.

Wort Beim Computern wird so die kleinste adressierbare Speichereinheit im Arbeitsspeicher von Wortmaschinen genannt. Die Größe eines Wortes ist von Fabrikat zu Fabrikat verschieden, liegt aber in der Regel bei 16 oder mehr Bits.

Wortmaschine Ein Computer, bei dem der Arbeitsspeicher in Worte eingeteilt ist. Echte Wortmaschinen sind für mathematisch-wissenschaftliche Datenverarbeitung konzipiert.

Zentraleinheit Die Zentraleinheit bildet den Kern der ganzen EDV-Anlage. Hier wird alles gesteuert, überwacht und die jeweils nötigen Informationen bereitgehalten. Zur Zentraleinheit gehören vor allem das Steuerwerk und das Rechenwerk sowie der Hauptspeicher (der sich wiederum in Arbeitsspeicher und Festspeicher gliedert).

Die Autoren

Masoud Yazdani, der den Text geschrieben hat, ist Dozent am Department of Computer Science der Universität von Exeter. Er sitzt im Vorstand der Society for the Study of Artificial Intelligence and Simulation of Behaviour (AISB).
Benny Kandler ist Karikaturist, Illustrator und Grafiker. Seine Arbeiten sind schon in der Tschechoslowakei, der Bundesrepublik und in Großbritannien erschienen. In der Zeitschrift «Practical Wireless» zeichnet er eine regelmäßige Comic-Reihe.

Dank, Dank, Dank

Der Text dieses Buches wär' noch ein ganzes Stück schlechter ausgefallen, als er ohnehin ist, hätte Marlene Teague ihn beim Abtippen nicht ständig verbessert. Und auch Roy Davies sei gedankt dafür, daß er das ganze Manuskript im voraus gelesen und viele Verbesserungsvorschläge gemacht hat. Nicht zu vergessen Dr. Eva Kandler, die mir sehr beim Materialsammeln und -ordnen geholfen hat. Dank ihnen allen.

Jede Menge Hilfe gab es auch bei der Beschaffung der Abbildungen – Blaise Pascal, Gottfried Wilhelm Leibniz, Charles Babbage: Photo Science Museum; Alan Turing: mit freundlicher Genehmigung von Heffer & Sons, Ltd.; Babbage's Analytical Engine, Jacquards Automated Loom, Herman Hollerith: mit freundlicher Genehmigung von IBM; Napier's Bones, Pascals Rechenmaschine, Baldwins Rechenmaschine, frühe Bürorechenmaschine, Holleriths Tabellierer: mit freundlicher Genehmigung von Harrow House Editions, Ltd.; Manchester University Mark I: mit freundlicher Genehmigung des Department of Computer Science, University of Manchester; UNIVAC I: mit freundlicher Genehmigung von Sperry Ltd.; der computer-gesteuerte Buggy: mit freundlicher Genehmigung von Everyday Electronics; Ferranti F 100-L Chip: mit freundlicher Genehmigung von Ferranti Computer Systems, Ltd.; Diagramm des SL6700C: mit freundlicher Genehmigung von Practical Wireless. Ich danke Dover Publications, NY, für ihre Erlaubnis, 20 Illustrationen aus Harter's Picture Archive for Collage, herausgegeben von Jim Harter, benutzen zu dürfen.

sach-comics

sachbuch rororo

C 988/7